만화로 읽는 자본론

만화로 읽는 자본론
노동의 연결이 주는 경제적 자유에 대하여

글·그림 민지영

1판 1쇄 펴냄 2019년 8월 27일
2판 1쇄 펴냄 2024년 4월 11일
2판 2쇄 펴냄 2025년 3월 19일

펴낸곳 곰출판
출판신고 2014년 10월 13일 제2024-000011호
전자우편 book@gombooks.com
전화 070-8285-5829
팩스 02-6305-5829

디자인 구삼삼공일오 디자인
종이 영은페이퍼
제작 미래상상

ⓒ 민지영 2024

ISBN 979-11-89327-29-3 03300

만화로 읽는 자본론

노동의 연결이 주는
경제적 자유에 대하여

민지영 글·그림 | 장춘익 감수

곰출판

이름은 다르지만 이것은 너를 두고 하는 말이다.

카를 마르크스

개정판을 펴내며

만화로 만나는 마르크스『생쥐 혁명』이『만화로 읽는 자본론』으로 새롭게 재출간되었습니다. 이 책은 카를 마르크스·프리드리히 엥겔스의『공산당 선언』과 마르크스의『자본론』을 만화적 상상력으로 풀어냈습니다.『공산당 선언』,『자본론』을 친근하고 귀여운 생쥐들의 삶과 교차시킴으로써 그것들이 우리의 세계와 동떨어진 내용이 아님을 보여주고자 한 책입니다.

이 책의 1부는『공산당 선언』을 다루고 있습니다. 가난한 생쥐 그레이는 기계의 부품과도 같은 임금노동자입니다. 고용주 여우의 착취를 감내하며 월급날을 기다리죠. 월급은 진통제와도 같습니다. 월급을 받는 그 순간만큼은 그동안의 고통이 잠시 잊히는 듯합니다. 그러나 그 처방은 오래가지 않습니다. 월세, 공과금, 생필품 등 각종 필수적인 비용을 지출하면 다시 진통이 시작됩니다. 이는 그레이만의 이야기가 아닙니다. 그레이의 동료들도 그와 같이 살고 있죠. 동료 생쥐 테오는 붉은 표지의『공산당 선언』을 읽습니다. 그레이는 테오를 통해 공산주의가 무엇인지 알아가고, 절망적인 삶의 끝자락에서 테오와 함께 생쥐들의 단결을 도모합니다.

2부는『자본론』을 추리물의 형식으로 풀어냅니다(이미『자본론』자체가 추리물의 형식으로 쓰여있습니다). 자본이란 무엇일까? 어떻게 평등한 거래 속에서 이윤이 창출되는 것일까? 탐정생쥐 칼 반장님과 아르노는 자본의 비밀을 파헤치기 위해 상품이 무엇인지, 노동이 무엇인지, 화폐가 무엇인지 탐구해 나갑니다. 그들의 여정을 통해 우리는 상품, 사용가치, 교환가치, 노동생산성, 화폐, 가격 등 다양한 개념들을 함께 배워나갈 것입니다. 공장이라는 무대 뒤 '관계자 외 출입금지' 구역에 침입함으로써 칼 반장님과 아르노는 비로소 자본의 진실을 목격합니다.

만화는 4컷이라는 짧은 호흡을 사용하여 경쾌한 리듬을 유지하고자 했습니다. 긴 호흡이 주는 중압감 없이 보다 가벼운 마음으로 책장을 넘길 수 있도록 말입니다. 또한 주기적으로 부록이 들어갑니다. 부록으로는 퍼즐 등 놀이적인 요소가 들어가기도 하고, 만화 내용과 관련된 현대의 이슈를 다루기도 하고, 그 외에도 유익하며 흥미로울 만한 이야기들을 넣어보았습니다. 이 적당한 두께의 책을 즐겁게 넘겨주세요. 책을 다 읽은 후에 『공산당 선언』의 주장을 논증할 수 있는지, 『자본론』의 개념을 다 외웠는지는 그다지 중요하지 않습니다. 이 책을 읽은 후 노사 관련 뉴스에 어쩐지 한 번 더 눈길이 간다면, 일상에서 늘 마주치는 노동자들의 노고가 좀 더 가까이 느껴진다면, 나의 노동을 다시 한번 숙고하게 된다면 그것으로 충분합니다.

과거의 세계와 오늘날의 세계가 다르듯 옛사람들과 오늘날의 사람들 역시 다소 다르게 느껴집니다. 더 이상 사회를 하나로 묶어주며 이끄는 통합된 가치는 보이지 않습니다. 사람들은 하나의 가치에 얽매이는 것에 대해 반감을 가지면서도 의미의 자유 속에서 방황하고 있습니다. 젊은 사람들의 조금은 건조해 보이는 태도는 통합된 가치를 줄 수 없는 사회 속에서 자신을 지키기 위한 것일까요?

여전히 사회적 참여와 운동, 연대는 존재합니다. 전보다는 느슨하고 유연한 방식으로요. 이제 우리는 마음에 드는 가치를 발견하면 쉽고 자유롭게 참여할 수 있습니다. 후원하던 가치가 낡아버렸다고 느끼거나 더 매력적인 가치를 찾았다면 간단히 기존의 연대를 벗어나 새로운 연대에 합류할 수 있죠. 이 모든 일은 스마트폰 화면 터치 몇 번으로 가능합니다. 자신의 삶을 송두리째 바치는 운동은 구식(舊式) 취급받기도 합니다. 무엇이 옳은지 그른지는 모르겠습니다. 어쨌든 연대의 스타일이 달라졌다고 할까요. 또한 연대는 일종의 스타일이 되었습니다.

이러한 세계에서 그 어느 사상보다 연대를 강조하는 『공산당 선언』과 『자본론』은 과연 어떤 의미를 가질 수 있을까요?

한 사람의 삶은 다른 무수한 사람들, 사물들, 동물들과 뗄 수 없는 관계에 있습니다. 신비롭거나 감상적인 이야기를 하려는 것이 아닙니다. 오히려 아주 물질적인 이야기를 하려는 것입니다. 우리가 먹는 것, 쓰는 것, 입는 것, 즐기는 것 모두가 내가 단 한 번도 가본 적 없으며 앞으로도 가볼 일 없을 곳에서, 내가 평생 마주칠 일 없는 어느 사람의 손을 거쳐 만들어집니다. 타인과의 교류가 극히 없는 사람일지라도 이는 마찬가지입니다. 우리 대부분은 스스로 집을 지을 수 없고, 농작물을 재배할 수 없으며, 스마트폰을 만들 수 없습니다. 하지만 그것들은 우리에게 주어지고, 우리는 그것들을 누릴 수 있죠. 노동의 연결 속에서 우리는 더 자유로워지고, 더 얽매이게 됩니다.

마르크스·엥겔스가 바라던 세계는 심플합니다. 그들은 착취가 없는 세계, 곧 자유롭고 평등한 개인들의 공동체를 소망했습니다. 제가 그들로부터 강조하고 싶은 핵심은 다음과 같습니다. 그것은 우리 모두가 연결되어 있다는 것, 착취도 자유도 평등도 모두 이 연결을 바탕으로 이루어진다는 것입니다. 이것이 오늘날의 인간으로서 제가 길어내는 그들의 의미입니다. 지금 이 세계가 당연하고 자연스러운 세계가 아님을 늘 염두에 두었으면 좋겠습니다.

이 책이 출간되기까지 여러 사람들의 도움이 있었습니다. 도움을 주신 모든 분들께 진심으로 감사드립니다. 특히 저를 발견해주시고 지지해주시고 책의 감수까지 맡아주신 故장춘익 교수님께 영원한 감사를 드립니다.

2024년 3월
민지영

차례

개정판을 펴내며 ••• 006

01. 생쥐 혁명 ••• 013

02. 자본의 비밀을 찾아서 ••• 087

에필로그 ••• 197

참고문헌 ••• 208

01

생쥐
혁명

★ 하나의 유령이 유럽을 떠돌고 있다

★ 역사의 법칙

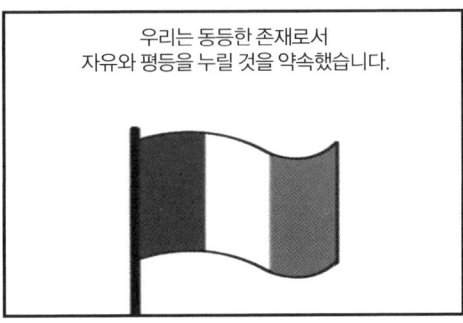

★ 과거의 영광

★ 역사의 끝?

★ 최후의 두 계급 : 부르주아지와 프롤레타리아트

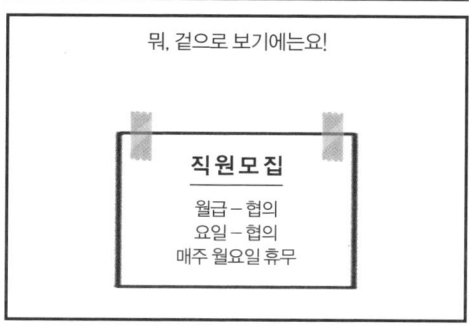

★ 부르주아지
(Bourgeoisie)

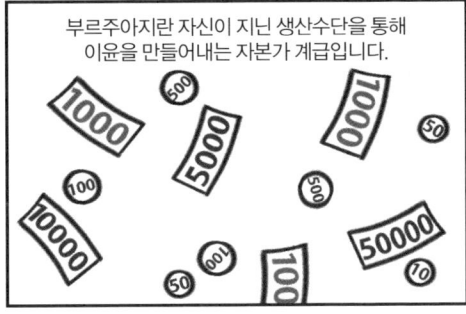

★ 프롤레타리아트
(Proletariat)

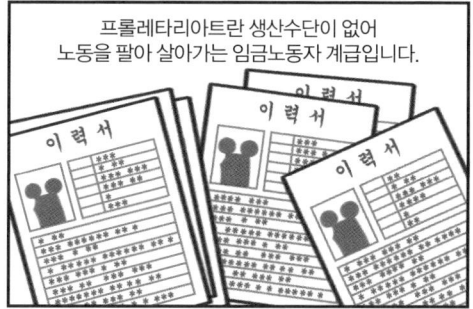

만나서 반가워요 (1)

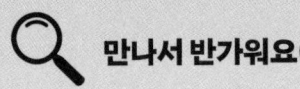

여기는 어디인가요?

생쥐 나라

면적	220.91km²
인구	65만 2045마리
기후	아름다운 사계절
수도	생쥐 마을
통화	래트(RAT)
주식	빵과 치즈

생쥐들이 모여 사는 나라입니다.
원래는 착한 생쥐들이 가득했지만
사는 게 팍팍해지면서 범죄율이 나날이 높아지고 있어요.
과거 여우들의 식민지였던 아픈 역사가 있습니다.
나라는 독립했지만 여전히 여우들에게 휘둘리고 있는 듯합니다.

★ 잠 못 이루는 밤   ★ 안 받고는 못 배길걸

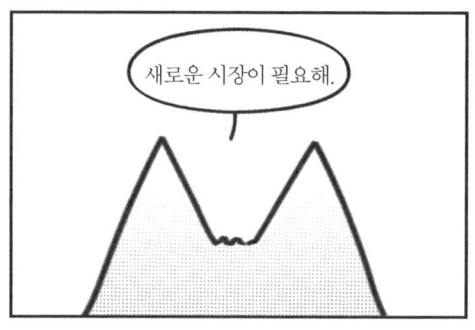

★ 세계화

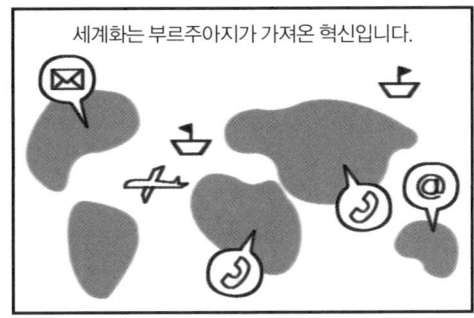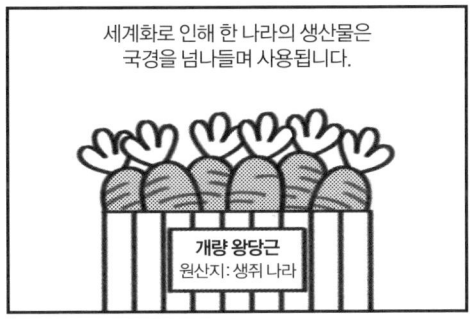

★ 끝없는 레이스

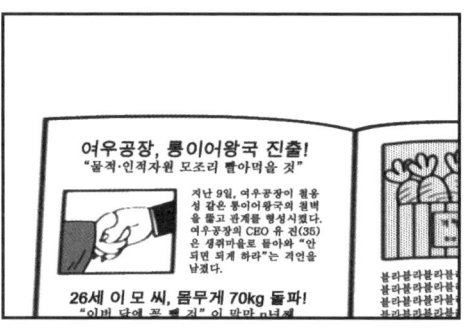

★ 쁘띠부르주아지 (Petite Bourgeoisie)

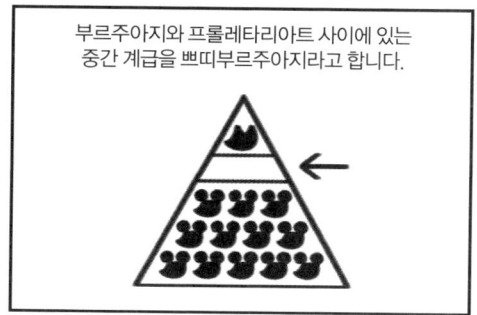

★ 이제 쉬어도 좋아요

★ 돈을 모으는 방법

★ 영업왕이 될 거야

러다이트운동(Luddite Movement)

러다이트운동은 19세기 초 영국 직물 공장 노동자들이 일으켰던 기계 파괴 운동입니다.

산업혁명으로 인한 기계의 발달은 영국 노동자들의 밥벌이를 위태롭게 만들었습니다. 노동자들은 해고를 당하거나 낮은 임금을 받으며 고된 노동을 해야 했죠. 그들은 자신들의 고통에 대해 어떤 합법적인 목소리도 낼 수 없었습니다. 당시 영국에는 1799년에 제정된 단결 금지법이 있었거든요. 그러한 상황에서 더 이상 자신들의 처지를 참을 수 없게 된 노동자들은 공장의 기계를 부수며 분노를 표출하기 시작합니다.

비록 공장에서 기계를 몰아내진 못했지만 러다이트운동은 노동자들이 뜻을 한데 모아 부조리에 저항한 노동운동이라는 의의를 가집니다. 미흡해 보이는 첫걸음일지 몰라도 이를 통해 노동자들은 계급으로서 자신을 자각하기 시작했고, 그렇게 노동운동은 점점 성숙해졌습니다.

로봇이 만드는 신발?!

자국의 높은 인건비를 견디기 어려워 중국, 베트남 등 인건비가 저렴한 국가에 공장을 세워 상품을 생산해오던 독일의 스포츠 브랜드 아디다스(adidas)가 2017년부터 다시 독일 안스바흐에서 신발 공장을 가동하기 시작했어요.

공장의 이름은 스피드팩토리라고 해요!

아디다스는 어떻게 독일로 돌아올 수 있었을까요? 스피드팩토리에서는 사람이 아닌 로봇이 신발을 만들기 때문에 아디다스는 인건비 걱정 없이 독일에 공장을 건설할 수 있었습니다.

3D프린터와 로봇을 활용하여 만드는 스피드팩토리의 신발은 디자인, 소재, 색 등을 각각의 고객이 원하는 대로 주문이 가능해요.

저임금 노동자로 운영되는 기존 공장에서 연간 50만 켤레의 운동화를 만들기 위해서는 600명의 직원이 투입되어야 하지만, 스피드팩토리에서는 10명도 되지 않는 인원이 기계와 협동하여 그만큼의 운동화를 생산합니다.

이러한 스마트팩토리의 출현은 저임금 노동자들의 생계를 위협하는 동시에 전문 지식이 요구되는 새로운 일자리를 창출하고 있답니다.

★ 조각난 노동

과거의 상품들은 소수의 힘으로 만들어졌습니다.

비록 물건이 완성되기까지 많은 시간이 걸렸지만 개인은 생산의 시작부터 끝까지 개입할 수 있었죠.
평발 맞춤 신발을 만들어드리지요.

완성!

그러나 자본주의는 혼자서는 물건을 완성할 수 없는 임금노동자를 필요로 합니다.
모든 과정을 알 필요도 없고
특출난 능력을 가질 필요도 없고
평타만 치면 만사 오케이!

그렇게 느려가지고 되겠어?
공산품의 산

그들의 노동은 단순하고 반복적이며 부분적입니다.
우리는 뭘 만들고 있는 걸까?
그러게

★ 노동의 평준화

★ 말만이라도 고맙네요!

★ 웰컴홈(1)　　　★ 웰컴홈(2)

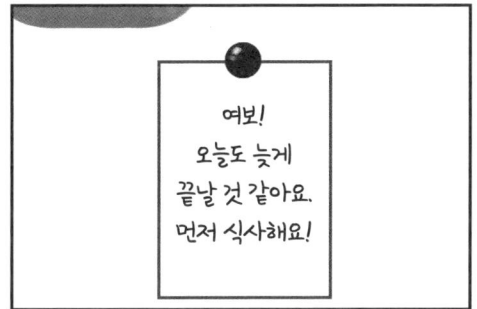

★ 굴레   ★ 피차일반

★ 파티 모집   ★ 양면 인쇄

노예와 프롤레타리아

노예는 한번에 팔려갑니다.
프롤레타리아는 매일 매시간 자신을 팔아야 합니다.

노예 개개인은 한 주인의 재산입니다.
프롤레타리아 개개인은 전체 부르주아 계급의 재산입니다.

노예는 그 삶이 아무리 비참하다 한들 생존은 보장 받습니다.
프롤레타리아는 자신의 노동을 필요로 하는 이가 없으면 살아갈 수 없습니다.

노예는 경쟁 밖에 있습니다.
프롤레타리아는 언제나 다른 노동자들과의 경쟁 속에 있습니다.

노예는 하나의 물건일 뿐 시민사회의 구성원으로 간주되지 않습니다.
프롤레타리아는 인격으로, 시민사회의 구성원으로 인정됩니다.

노예는 노예제를 폐지하여 프롤레타리아가 됨으로써 해방됩니다.
프롤레타리아는 오로지 사유재산 자체를 폐지함으로써 해방될 수 있습니다.

네오러다이트운동(Neo-Luddite Movement)

현대의 기술이 삶을 편하게 만드는 만큼 눈을 맞추며 대화하는 시간은 줄어들고, 현대 과학이 인간을 속속들이 이해하게 되는 만큼 인간의 존엄성은 의문스러워집니다.

산업혁명 초기의 노동자들이 기계를 미워했듯이 오늘날 어떤 사람들은 과학 문명에 반감을 가지며 반기계운동을 펼치고 있습니다.

네오러다이트운동은 첨단 과학 기술을 거부하고 인간적인 것들을 회복하려는 운동입니다. 19세기 초 영국에서 일어난 기계 파괴 운동인 '러다이트'에 새롭다는 뜻의 네오(Neo)를 붙여 만든 이름이지요. 그들은 끊임없이 발전하는 과학 기술이 인간성을 앗아가고 세상을 황폐하게 만들 것이라고 생각합니다.

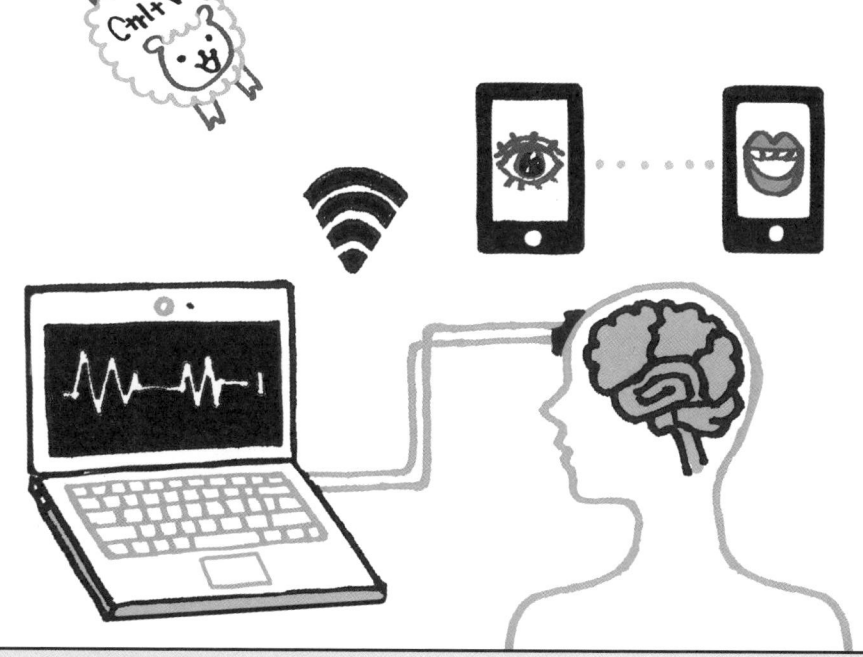

★ 제자리걸음

★ **듣기 싫어!**

★ 당신들의 역사

★ 이른바 원시축적

★ 원시축적의 과정 ❶ 농노에서 자영농으로

★ 원시축적의 과정 ❷ 과거의 공존

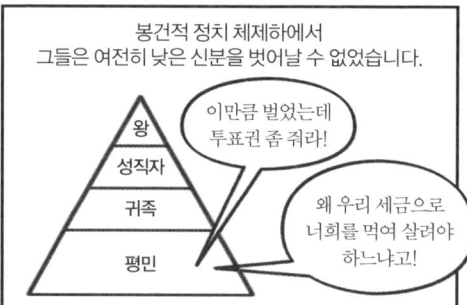

★ 원시축적의 과정 ❸ 부를 향한 열정

★ 인클로저(울타리치기)   ★ 태초에 날강도가 있었느니라

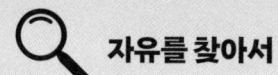
자유를 찾아서

중세 유럽의 어떤 농노들은
자유를 찾아 도시로 떠나기도 했어요.

장원을 탈출한 농노가 붙잡히지 않고
도시에서 1년하고도 하루를 버텨내면
그는 자유민으로 인정됐거든요.

저도 오늘 못된 영주님을 피해 몰래 떠나겠어요.
제가 도시까지 무사히 도착할 수 있도록
여러분이 도와주세요!

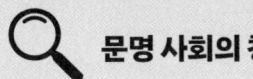
문명 사회의 창시자

어떤 땅에 울타리를 두르고 "이 땅은 내 것이다"라고 말하리라 생각하고 다른 사람들이 그런 말을 믿을 만큼 단순하다는 사실을 발견한 최초의 인간이 문명 사회의 실질적인 창시자이다.

말뚝을 뽑아버리고 토지의 경계로 파놓은 도랑을 메우면서 동류의 인간들을 향해 "저런 사기꾼의 말을 듣지 마시오. 과일은 모두의 소유이고 땅은 그 누구의 소유도 아니라는 사실을 잊는다면 당신들은 파멸할 것이오"라고 외친 사람이 있었다면, 그는 얼마나 많은 죄악과 싸움과 살인, 얼마나 많은 비참과 공포에서 인류를 구제해주었을 것인가?

– 장 자크 루소, 『인간 불평등 기원론』 중

★ 부랑자법

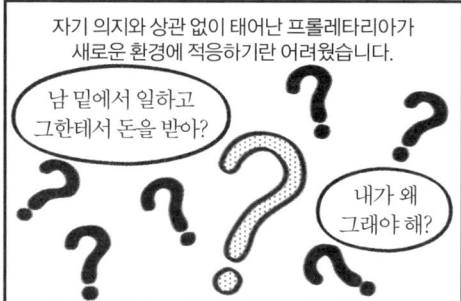

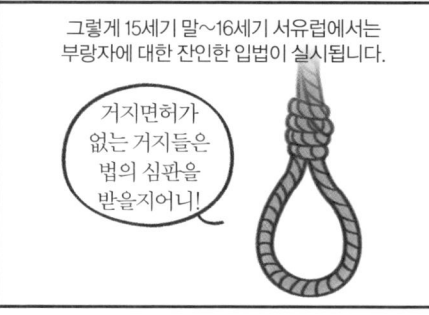

★ 자본주의적 차지농업가

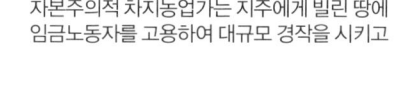

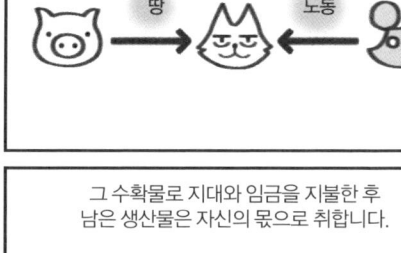

★ 산업 자본의 원시축적

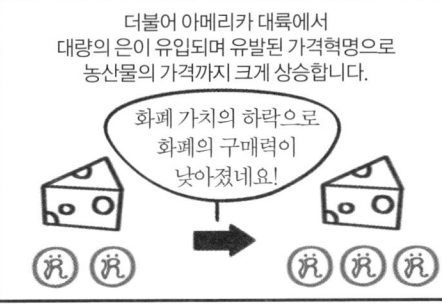

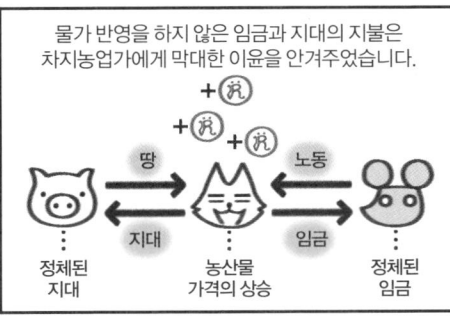

★ 노동법의 등장

★ 사회적 관계로서의 자본

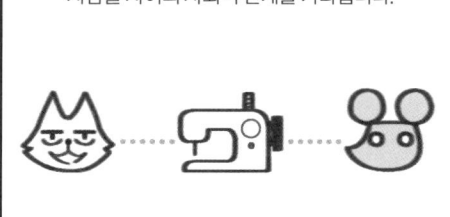

★ 자본주의로의 경제적 이행 : 산업혁명

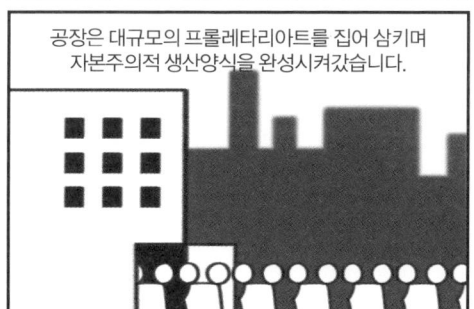

★ 자본주의로의 정치적 이행 : 프랑스혁명

★ 픽미픽미 픽미업

★ 인간의 조건

Das Kapital

15세기 말 이후 잉글랜드의 피의 입법

헨리 8세의 부랑자법
늙고 노동 능력 없는 거지는 거지면허를 받고, 거지면허가 없는 건장한 부랑자는 태형과 감금을 당한다. 그들은 달구지 뒤에 결박되어 몸에서 피가 흐르도록 매를 맞고 '노동에 종사하겠다'는 맹세를 한다. 부랑죄로 두 번 체포되면 다시 태형에 처하고 귀를 절반 자르며, 세 번 체포되면 그는 중죄인으로 또 공동체의 적으로 사형에 처해진다.

에드워드 6세의 부랑자법
노동하는 것을 거절하는 사람은 그를 게으름뱅이라고 고발하는 사람의 노예가 된다. 주인은 채찍과 쇠사슬로 노예가 아무리 싫어하는 일이라도 시킬 수 있는 권리를 가진다. 만약 노예가 도주하고 2주일이 지나면 그는 종신노예의 선고를 받고, 이마나 뺨에 S자의 낙인이 찍힌다. 노예의 도주가 세 번째가 되면 그는 반역자로 사형에 처한다. 노예가 아닌 누구나 부랑자의 자녀를 그로부터 빼앗아 남자는 24세, 여자는 20세까지 도제로 사용할 권리를 가진다.

엘리자베스 여왕의 부랑자법
14세 이상의 면허 없는 거지들은 2년간 그들을 사용하려는 사람이 없으면 매를 맞고 왼쪽 귀에 낙인이 찍힌다. 재범인 경우, 그들이 18세 이상이고 또 2년간 그들을 사용하려는 사람이 없으면 사형에 처한다. 세 번째 무면허로 적발된 거지는 용서 없이 반역자로 사형에 처한다.

제임스 1세의 부랑자법
방랑하면서 구걸하는 사람은 부랑자와 불량배로 선포된다. 경범죄 재판소의 치안판사는 그들을 공개적 태형에 처하며 초범인 경우에는 6개월, 재범인 경우에는 2년간 감금시킬 권한을 가진다. 옥중에 있는 동안 그들은 치안판사가 적당하다고 생각하는 때마다 또 정당하다고 생각하는 횟수만큼 매를 맞는다.

처음에는 폭력적으로 토지를 수탈당하고 추방되어 부랑자가 된 농촌 주민들은
그다음에는 무시무시한 법령들에 의해 채찍과 낙인과 고문을 받으면서
임금노동 제도에 필요한 규율을 얻을 수 있었습니다.

여성과 여성시민의 권리 선언

프랑스혁명 당시 국민 의회로부터 나온
〈인간과 시민의 권리 선언〉은
절대 왕정과 봉건적 특권에 반대하여
인간으로서의 권리를 나열한 선언입니다.
그러나 여기서 말하는 인간이란 사실상
남성만을 지칭하고 있었습니다.

프랑스의 극작가이자 시민운동가인
올램프 드 구즈(Olympe de Gouges)는
이러한 인권 선언에 부당함을 느껴
1791년 〈여성과 여성시민의 권리 선언〉을
발표합니다.
남성 명사인 인간(Homme)과 시민(citoyen)을
여성(la femme)와 여성시민(citoyenne)으로 바꾸고,
인권 선언의 조항들을 여성이 포함되게끔
수정한 것이죠.

그러나 당시는 여성의 정치 참여가 금기시되던 사회였습니다.
그는 성별에 부적합한 언행을 일삼았다는 죄목으로
사형을 선고 받습니다.

여성이 단두대에 오를 권리가 있다면
연단에도 오를 권리가 있다는 말을 남긴 구즈는
1793년 단두대의 이슬로 사라집니다.

★ 전설의 레전드

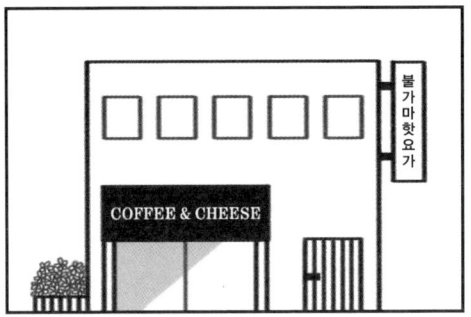

★ 누구든 상관없어

★ 국가

★ 19세기 사회주의자들　　★ 반동적 사회주의

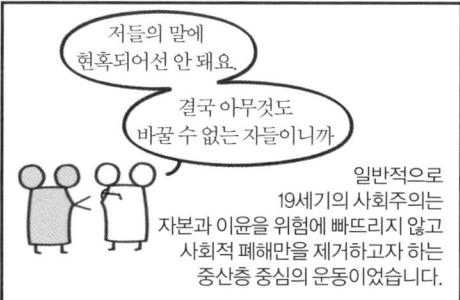

★ 보수적 또는 부르주아 사회주의   ★ 유토피아적 사회주의 및 공산주의

팔랑스테르(phalanstère)

프랑스의 유토피아 사회주의자
샤를 푸리에(Charles Fourier)는
도시와 농촌, 빈자와 부자가 어울려 살아가는
이상적인 공동체, 팔랑스테르를 계획합니다.

팔랑스테르에선 1620명의 주민들이 자급자족합니다.
직업에 따라 저마다 보수의 차이는 존재하나
그곳은 지배 계급도, 착취당하는 계급도 없습니다.

팔랑스테르 주민들은 하루 6시간의 노동을 하며,
노동자들이 노동에 싫증을 내지 않도록
같은 노동을 2시간 이상 계속하지 않습니다.

공동체의 중요한 일을 결정해야 할 때는
광장에 모여 다 함께 토론을 합니다.

그들은 서로 사랑하며 하루 다섯 끼의 식사를 즐깁니다.

팔랑스테르는 세 부분으로 나뉩니다. 중앙 부분은 극장, 식당, 회의실, 도서관, 연구실 등 조용한 활동을 위한 공간입니다. 한쪽 건물은 목공, 망치질, 아이들의 놀이와 같이 시끄러운 활동을 위한 공간입니다. 나머지 한쪽 건물은 무도회를 비롯한 사교 활동을 위한 공간인데, 이 공간은 비용을 지불하면 외부인도 함께 즐길 수 있습니다.

푸리에는 팔랑스테르를 통해 인간의 모든 열정이 조화롭게 발휘될 것이라 믿었으며, 이 환상적인 공동체의 건설을 위해 부자들이 자금을 지원하기를 기다리고 기다렸습니다.

룸펜프롤레타리아트(Lumpen proletariat)

룸펜프롤레타리아트는 자본주의 사회의 최하위 계층입니다.
누더기, 넝마, 쓰레기 등의 뜻을 지닌 독일어 룸펜(Lumpen)이
프롤레타리아트라는 명사 앞에 붙어 만들어진 이름이죠.
이 계층에 속하는 이들은 노동하지도 않고 노동할 의지도 없습니다.
어쩌다 일을 하더라도 그것은 대체로 범죄, 구걸, 매춘 등
불건전한 한탕 노동으로 끝나버립니다.

룸펜프롤레타리아트가 프롤레타리아 혁명에 함께하는 경우도 간혹 있었지만,
마르크스와 엥겔스는 이들을 혁명의 주체로 인정하지 않았습니다.
룸펜프롤레타리아들은 자신의 생활 처지에 따라 혁명을 등지고
기꺼이 지배 계급에 매수될 것이라고 여겼기 때문입니다.

★ 언제나 아이쇼핑

평생 쓰고도 남을 물건들이 여기 다 있네요.

그러나 우리는 손댈 수 없는 것들이지요.

★ 재고 처리

이런! 상해버린 사과들이 꽤 있구나.

사과 한 알 1000R

저….

버릴 거면 저한테 주실 수 없을까요?

누구 좋으라고!

꽁으로 줄 바엔 버리는 게 낫지!

엄선된 사과 한 알 1500R

★ 사장님의 절약 정신

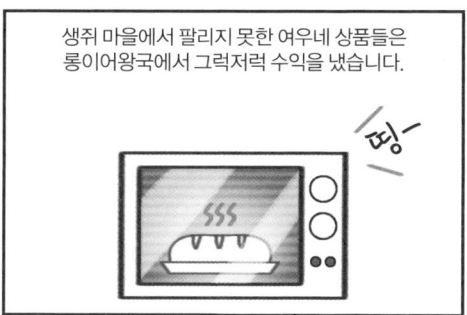

★ 강제 퇴장

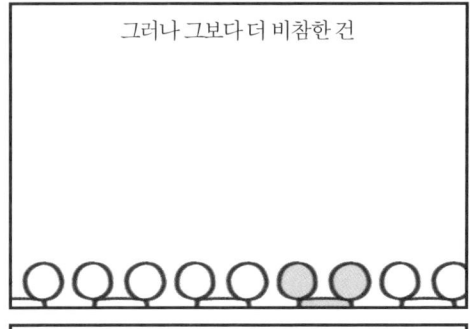

★ 정체불명의 노동

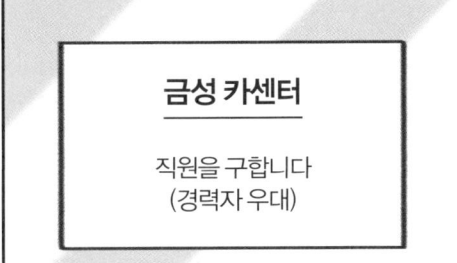

★ 공황(1)

★ 안심하고 드세요

★ 걸렸다

파리코뮌(Paris Commune)

파리코뮌은 1871년 3월부터 5월까지 약 두 달간 파리 노동자들이 중심이 되어 수립하고 주도했던 자치 정부입니다. 당시 프로이센과 전쟁에서 패배한 프랑스가 순순히 굴복하는 모습을 용납할 수 없던 파리 민중들이 정부에 대항하여 새로이 만들어낸 정부죠. 파리코뮌의 구성원들은 코뮈나르(communard)라고 불러요. 코뮌 정부 동안 어린이들의 야간 노동 금지, 무상 교육의 실시, 여성들의 참정권 실현 등 다양한 진보적 정책들이 시행됐습니다.

> 누구를 징벌하는가?
> 파리에 벌을 내리는가?
> 파리는 자유를 원했을 뿐이거늘!
>
> Victor Hugo

그러나 등잔 밑이 어두운 법! 수비가 느슨해진 틈에 코뮌 내 스파이들의 신호를 받은 정부군이 시내로 들어오고 파리는 코뮈나르들의 피로 물들었습니다.
파리코뮌은 패배했고 전투에서 살아남은 코뮈나르들은 사형을 당하거나, 감옥에 가거나, 유배됐습니다.

 **격 떨어지게 할인은 무슨!**

영국의 명품 브랜드 버버리(Burberry)는 2017년에만 수천만 달러에 달하는 재고품을 폐기했습니다. 제때 팔리지 못한 상품들을 할인 판매 없이 폐기하는 이유는 위조품의 발생을 막고 브랜드 가치를 지키기 위해서라고 해요. 다른 수많은 고급 브랜드 또한 같은 이유로 매년 팔리지 않은 상품을 폐기합니다.

불필요한 환경오염이 아니냐는 비난에 대해 버버리 측은 자신들 역시 재고품을 줄일 방법을 지속적으로 강구하고 있으며, 재고품을 소각할 때 발생하는 에너지는 다시 유용하게 활용된다고 답했습니다.

★ 어느 보편적인 비극

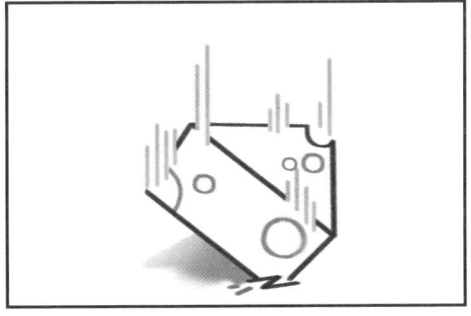

★ 공장은 멈추지 않는다

★ **아직 늦지 않았어**

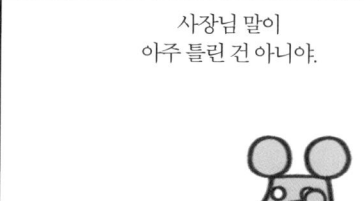
사장님 말이 아주 틀린 건 아니야.

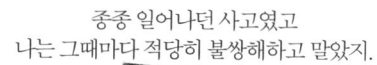
종종 일어나던 사고였고 나는 그때마다 적당히 불쌍해하고 말았지.

왜 하필 나의 가족이어야 했느냐고 묻기엔 내가 외면한 불행들이 너무 많다.

토닥 토닥

★ 『공산당 선언』 　　　　　　　　　　★ 공산주의

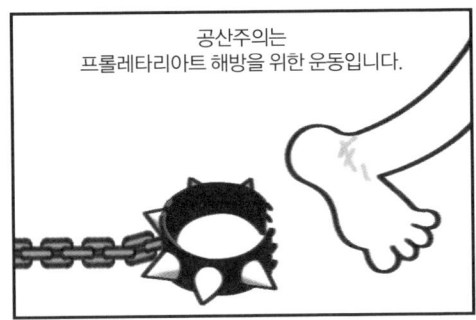

★ **소문**

마르크스가 본 서유럽의 역사 발전 단계

1 원시 공산 사회
계급도 사유재산도 없이
공동 생산과 공동 소비가 이루어지는 사회입니다.
이 시기의 사람들은 다 함께 사냥하며 다 함께 나누어 먹었습니다.

2 고대 노예 사회
생산력의 발달로 사유재산이 성립하면서
주인과 노예라는 두 계급이 등장합니다.
노예는 노동하는 도구가 되어 자신의 모든 시간을 착취당했고,
노예 소유자는 노예 덕분에 자신의 여가 시간을 즐길 수 있었습니다.

3 중세 봉건 사회
로마가 붕괴하고 자급자족경제의 봉건 사회가 펼쳐집니다.
과거 주인과 노예는 이제 봉건 영주와 농노라는 계급으로 대체됩니다.
농노는 영주의 땅을 빌려 경작을 하고 생산물의 일부를 바칩니다.

4 근대 자본주의 사회
봉건 사회는 사용하고 남은 잉여생산물을 위주로 교환했던 반면
자본주의 사회는 교환을 위해 생산하며, 그 과정에서 이윤을 얻습니다.
이제 사회는 자신의 지닌 생산수단으로 타인을 고용하는 부르주아지와
생산수단이 없어 임금을 받으며 노동하는 프롤레타리아트로 나뉩니다.

4.5 프롤레타리아 독재
공산주의 사회로 이행하기 위한 과도기적 형태의 국가입니다.
사람들은 능력에 따라 일하고 노동에 따라 생산물을 분배 받습니다.
생산력 증진, 자본주의 잔재 청산, 노동자 교육 등의 과업을 맡습니다.

5 공산주의 사회
생산수단을 공동의 것으로 사용하는 자유로운 개인들의 연합입니다.
사람들은 능력에 따라 생산하고 필요에 따라 생산물을 사용합니다.
공산주의 사회에선 국가도 계급도 존재하지 않습니다.

제1인터내셔널(The First International)

국제노동자협회(International Workingmen's Association)는 1864년 9월 28일 런던에서 창립된 세계 최초의 국제적인 노동자 조직입니다. 간단히 인터내셔널이라 불리기도 해요. 공산주의자, 사회주의자, 무정부주의자 등 다양한 운동가들이 한데 어우러져 프롤레타리아트 해방이라는 공동의 목적을 위해 활동했습니다. 그러나 파리코뮌의 패배 후 인터내셔널에 대한 정부의 탄압이 한층 강해지고 인터내셔널 내부 갈등까지 겹쳐 결국 1876년 7월 제1인터내셔널은 해산합니다.

자본주의를 무너뜨린 후엔 순서상 프롤레타리아 독재가 실현되어야지.

그건 또 다른 계급 지배가 될 터, 모든 국가는 소멸해야 하오.

감상적인 이상주의자 같으니라구.

허영 가득한 기만자!

너 제명.

★ 더는 못 참아   ★ 역사의 끝?

★ 공황(2)

★ 작은 욕심

★ 단결의 확산

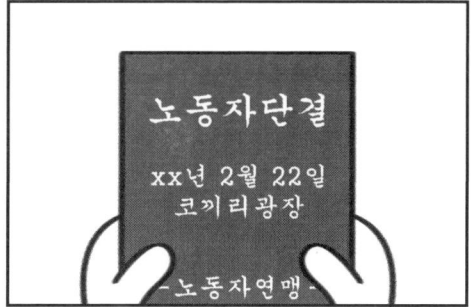

★ 그들이 만들어준 다리

★ **잃을 것은 족쇄요** ★ **얻을 것은 세계이다**

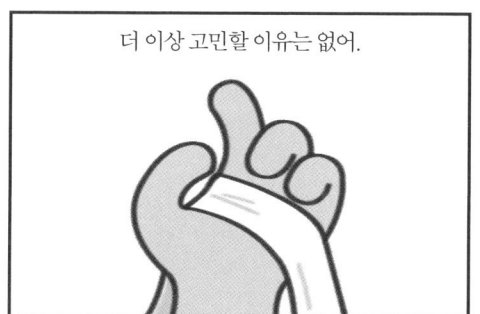

더 이상 고민할 이유는 없어.

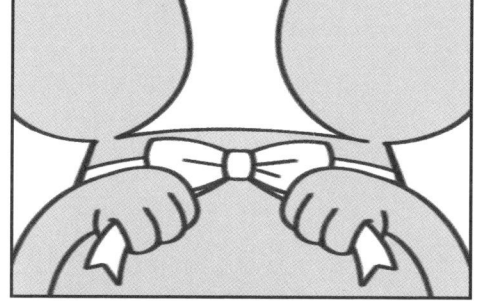

오늘이 성공하든 실패하든

부품으로서의 삶이 끝난다는 것은 똑같아.

만국의 프롤레타리아여,

단결하라!

공산주의 사회 : 자유로운 개인들의 연합

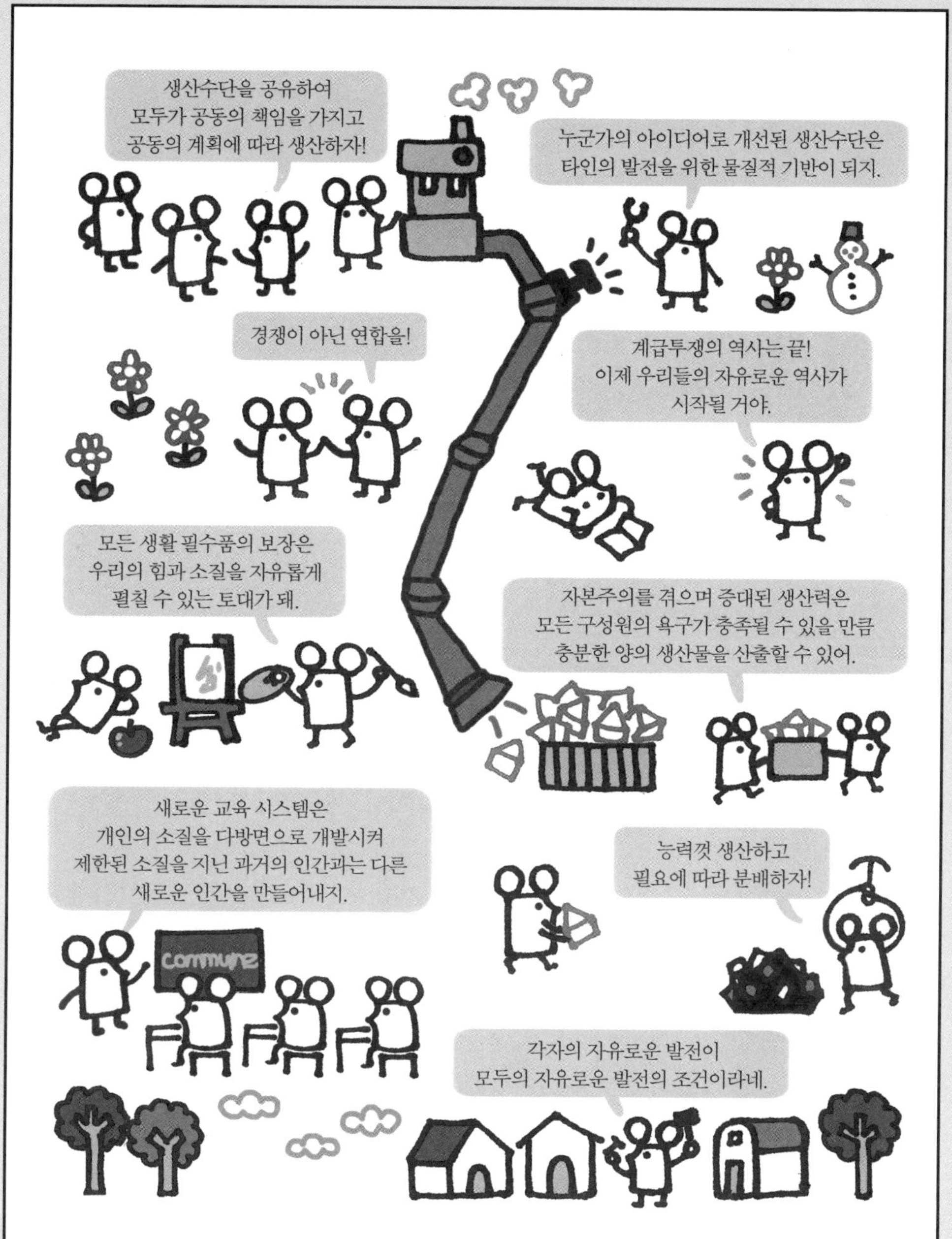

02

자본의 비밀을 찾아서

★ 자본이란 무엇인가?

★ 치즈의 비밀?!

★ 상품

★ 사용가치

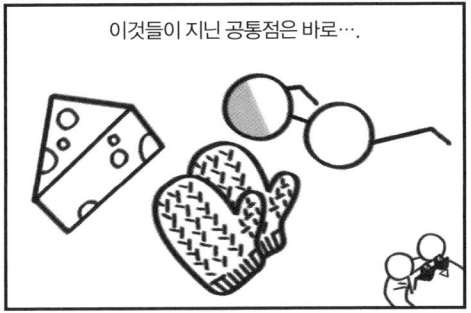

★ 유용함의 차이

★ 상품이 아니면서도 유용한 것

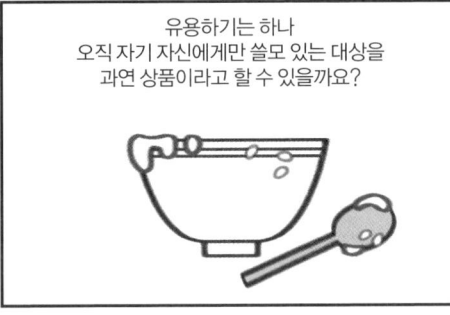

★ 교환가치

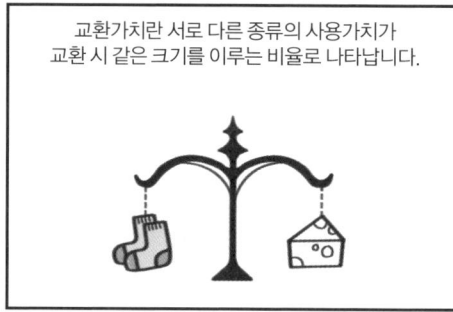

★ 가격이 다르잖아요!

★ 가치

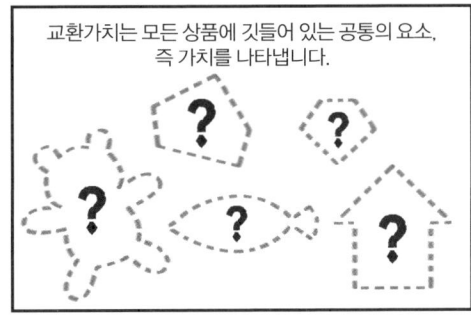

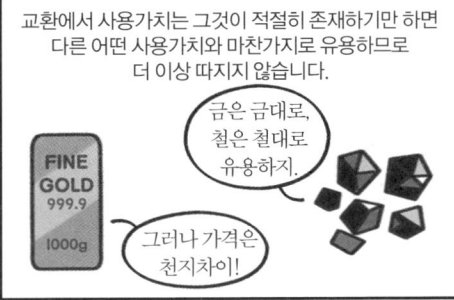

★ 하나의 상품, 다양한 교환

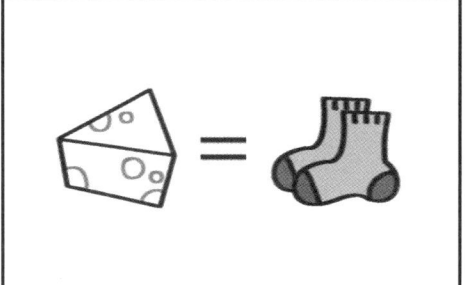

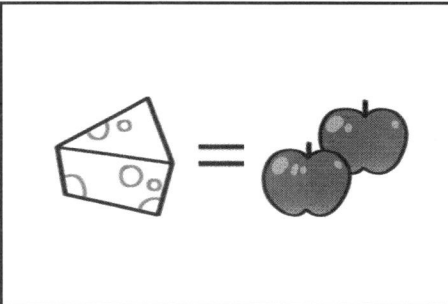

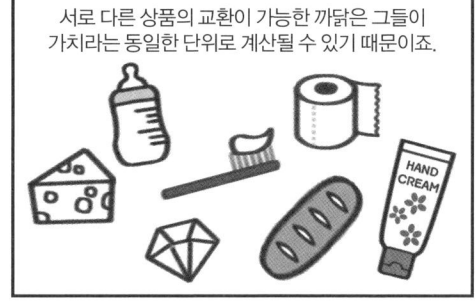

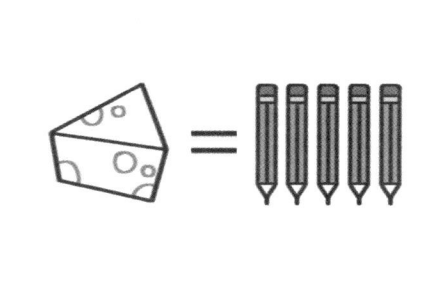

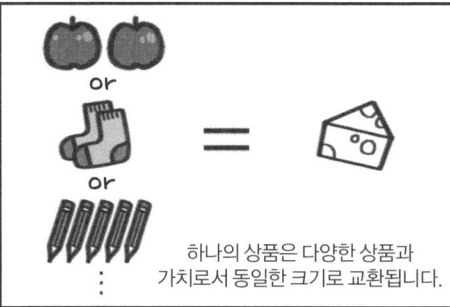

★ 가치의 실체(1)

만나서 반가워요(2)

칼 반장님

아르노

고든

탄광쥐

구두쇠 씨

수풀의 유령

베르만

유진

작가의 분신

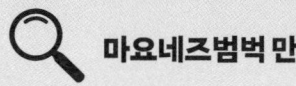 **마요네즈범벅 만들기**

그릇에 밥을 담고 → 밥 위에 고추냉이를 뿌리고 → 그 위에 마요네즈를 덮어주면

알싸한 반전이 숨어 있는 아르노의 마요네즈 범벅 완성!

사용가치 : 뭐, 공복보단 낫지 않을까?
교환가치 : 야속하게도 팔리지가 않아.

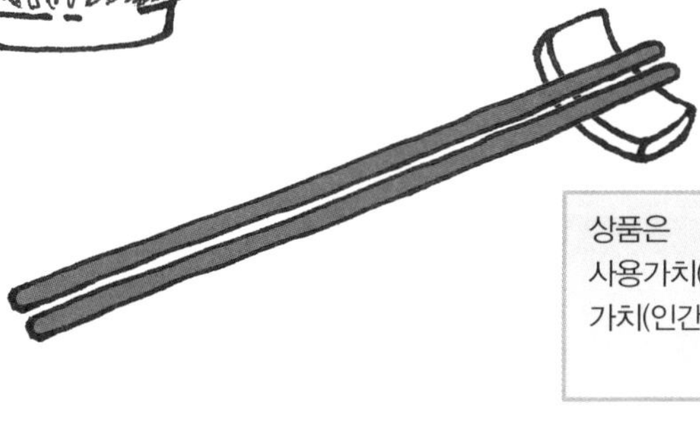

상품은
사용가치(유용한 물건)이자
가치(인간 노동의 응고물)

★ 노동의 대상화 　　　　　★ 노동의 두 얼굴

★ 구체적 유용노동

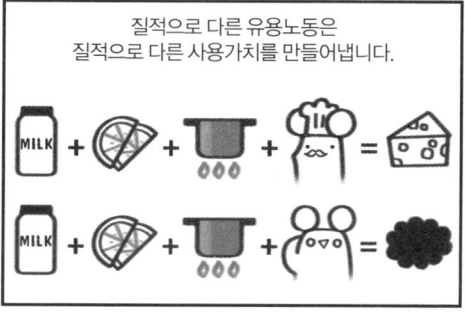

★ 가치의 실체(2)

★ 추상적 인간 노동

★ 단순한 평균적 노동

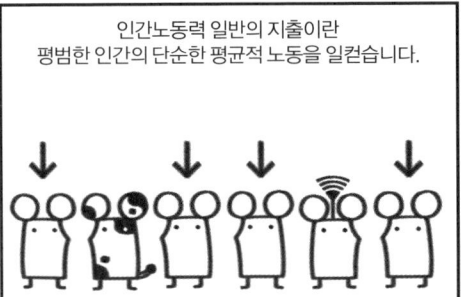

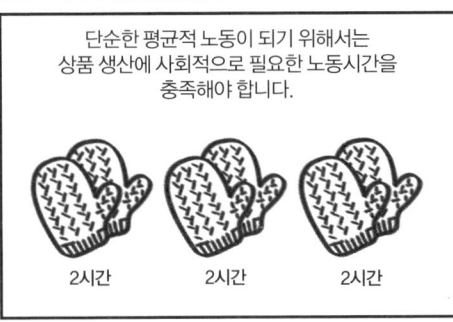

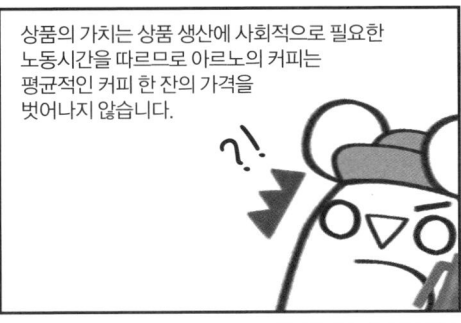

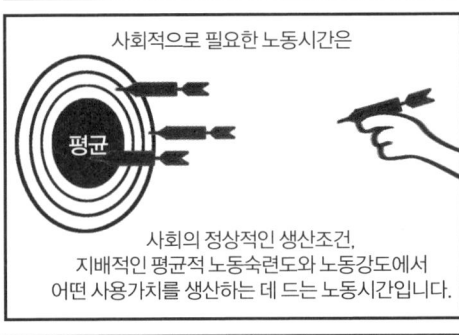

★ 아무것도 안 보여요!

★ 더 어렵고 복잡한 노동?   ★ 야망 듬뿍 치즈

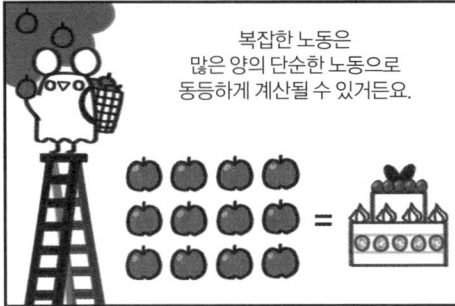

★ 노동생산성

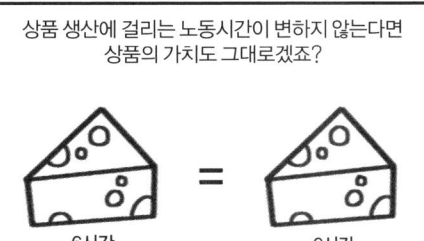

★ 노동생산성의 변동

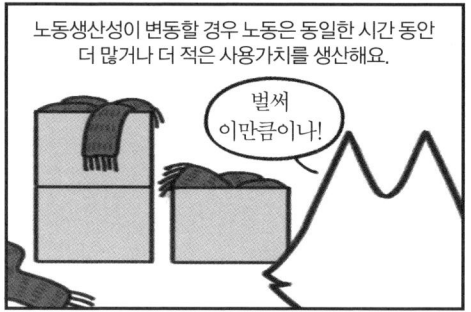

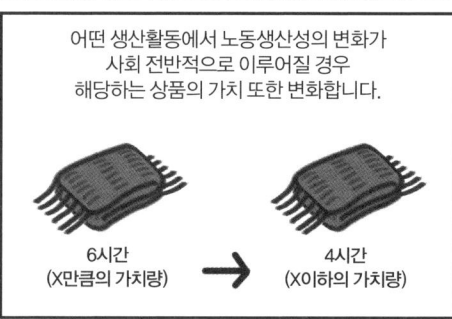

★ 가치, 노동량, 노동생산성

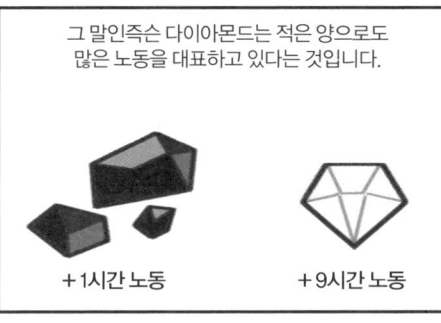

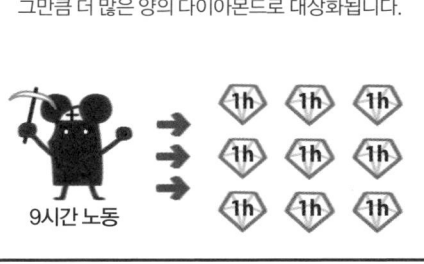

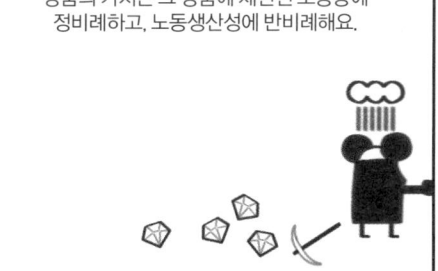

포드, 대량생산의 시대를 열다

미국의 자동차 회사 포드(Ford Motor Company)를 만든 헨리 포드(Henry Ford)는 공장에 최초로 컨베이어 벨트를 도입한 사람입니다. 다른 공장은 노동자들이 이리저리 움직일 때 포드 공장은 컨베이어 벨트가 노동자들에게 부품을 전달했죠. 이러한 포드 공장의 노동자들은 다른 공장보다 적은 시간을 일하며 다른 기업의 두 배에 가까운 임금을 받았습니다. 그렇게 완성된 포드 자동차는 값싼 가격에 팔렸고요. 다른 기업은 포드가 미쳤다고 생각했습니다. 그런데 사실 포드의 경영은 노동생산성의 극대화를 위한 것이었어요.

컨베이어 벨트는 노동자들에게서 불필요한 움직임을 없애 생산성을 향상시켰고, 고임금은 노동자들의 사기를 높이는 동시에 그들을 자동차 구매자로 만들었으며, 적절한 노동시간은 노동자들이 좋은 컨디션으로 실수 없이 일하도록 도왔습니다.

노동에서 상품까지

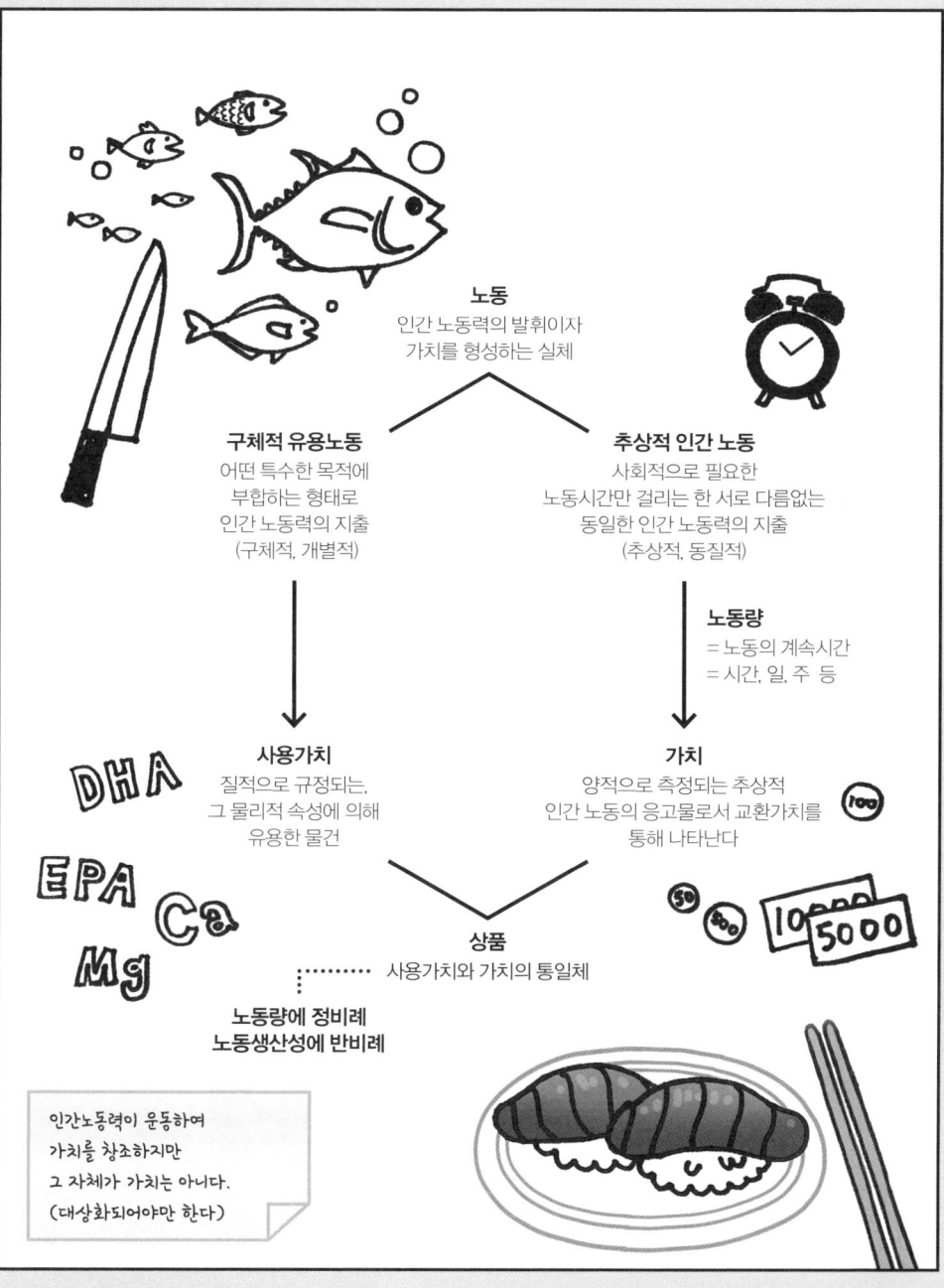

★ 과거의 생산   **★ 오늘날의 생산**

★ 생산물에서 상품으로 　　　★ 상품의 신비

★ 만두 미스터리

★ **사돈 남 말하시네!**

★ 물신숭배(物神崇拜)

★ 나만 없어

★ 왕과 신하

★ **주객전도**

★ 상품의 물신적 성격

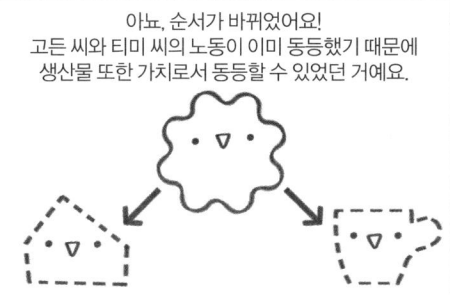

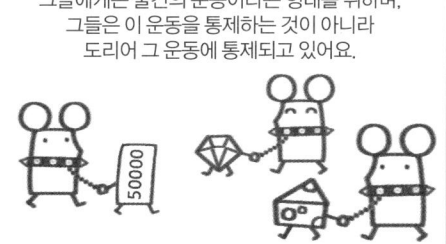

★ 사회적 상형문자

★ 상품의 투명 망토

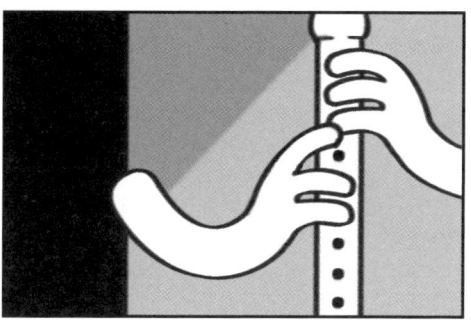

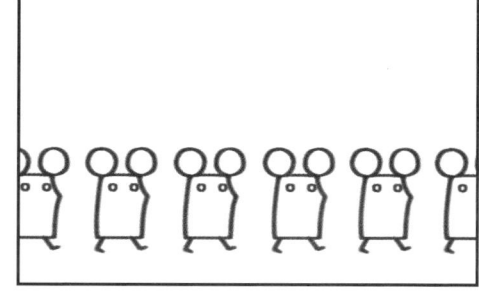

틀린그림찾기

틀린그림찾기(수정판)

실현 가능한 세계를!

우리는 마음의 눈으로만 볼 수 있는 불변의 참된 진리인 이데아를 추구해야 하며, 이데아를 볼 수 있는 훌륭한 철학자가 진리로써 국가를 통치해야 하네.

마음껏 가정하는 것은 좋지만 불가능한 일을 가정해서는 안 되겠지요.

고대 그리스의 철학자 플라톤은 이데아라는 완벽한 세계를 추구했던 반면 그의 제자 아리스토텔레스는 실현 가능한 최선의 세계를 탐구했지요.

마르크스는 이념에 현실을 맞추고자 했던 이상주의자들을 비판하며, 현실 속에서 답을 찾고자 했던 아리스토텔레스처럼 현실을 토대로 세계를 밝혀내고자 했습니다.

그리하여 마르크스는 의식을 물질(= 빵, = 삶)의 산물로 두고, 우리의 사회적·정치적·정신적 생활을 지배하고 있는 제일의 힘을 법도, 도덕도, 종교도 아닌 물질적 생활의 생산양식(생산력과 생산관계)이라는 답을 내놓습니다.

의식이 삶을 규정하는 것이 아니라 삶이 의식을 규정한다!

★ 화폐물신

★ 가치 척도로서의 화폐

★ 화폐의 가치

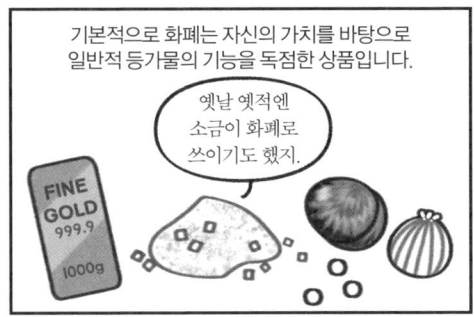

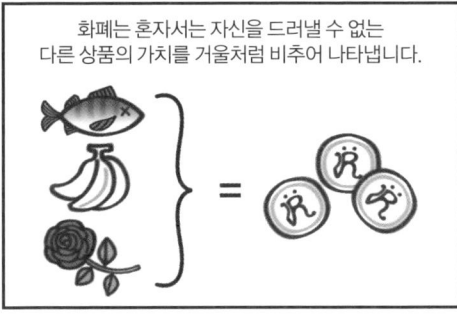

★ 유통 수단으로서 화폐

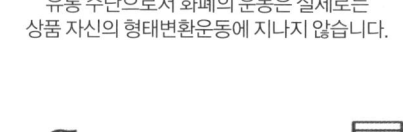

★ 서프라이즈!

★ 아르노의 법칙

★ 가격

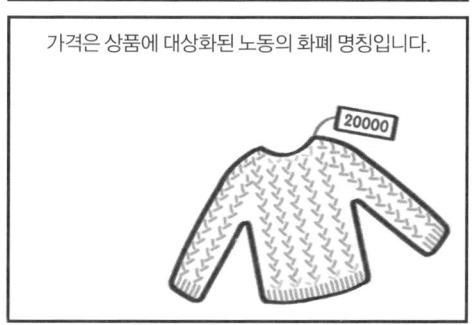

★ 가격과 가치량의 양적 불일치

★ 가격과 가치량의 질적 모순

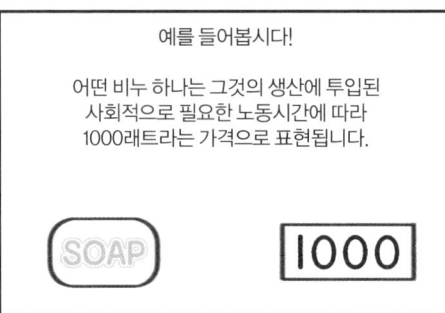

★ 축재 수단으로서의 화폐 : 퇴장화폐

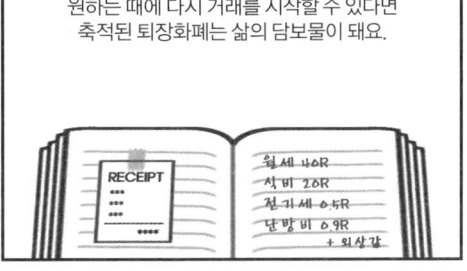

★ 지불수단으로서 화폐

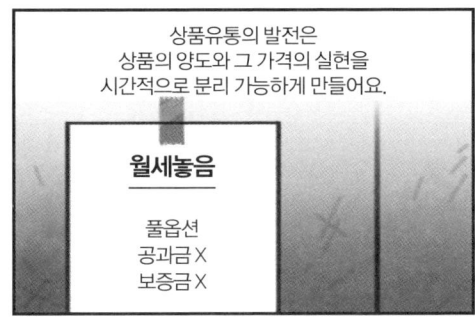

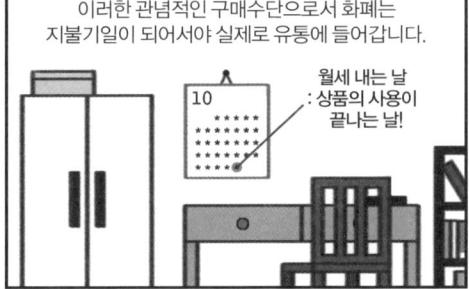

★ 화폐와 자본

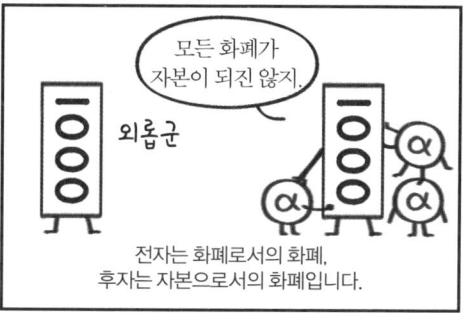

고든 씨의 과거

고든 씨는 유명한 부르주아 가문의 외동아들로 태어났습니다.
가족은 고든 씨에게 집안 사업을 물려주고자 했지만
고든 씨는 가족의 반대를 무릅쓰고 제빵사가 되고 싶어 했어요.
결국 고든 씨는 부모님의 안방 금고를 털어 마련한 돈으로
탄광촌에 빵집을 열었지요.
그곳에서 고든 씨는 세상에서 가장 저렴한 가격으로
맛있고 건강한 빵을 팔았습니다.

우리를 기만했어!

더러운 위선자!

당장 우리 마을에서 나가!

그러던 어느 날, 고든 씨가
부르주아의 아들이라는 사실을 알게 된
탄광촌 생쥐들은 평소 자신들이 싫어했던
부르주아를 떠올리며
고든 씨를 의심하고 미워하기 시작했어요.

결국 고든 씨는 탄광촌에서 쫓겨났지만,
가난한 생쥐들에게 질 좋고 배부른 빵을
만들어주겠다는 꿈을 잃지 않고
생쥐 마을에서 다시 열심히
빵을 굽고 있답니다!

생쥐 마을

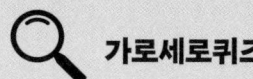
가로세로퀴즈

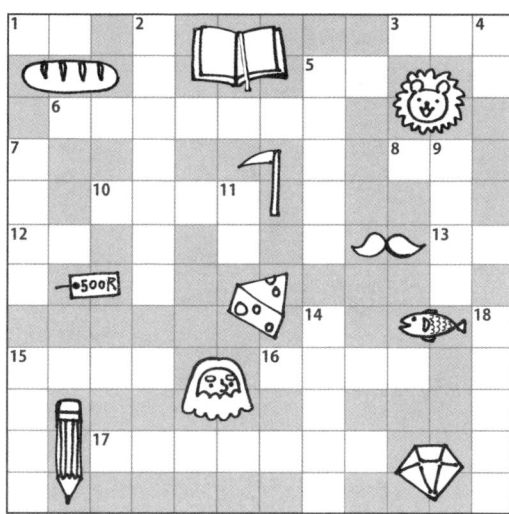

▶ 정답은 196쪽에

가로
1. 사용가치와 가치의 통일체로서, 자본주의 사회의 경제적 세포입니다.
3. 노동이 생산수단과 결합하여 객관적 대상으로 굳어지는 일을 '노동의 ㅇㅇㅇ'라고 합니다.
5. 인간 노동력의 발휘이자 가치를 형성하는 실체입니다.
6. 서로 구별되지 않는 인간 노동력 일반의 지출로서 시간, 일, 주 등으로 계산됩니다.
8. 돈 낭비를 가장 많이 하는 동물입니다. (힌트 : Let's buy it!)
10. 그것의 물리적 속성에 의해 유용한 물건으로, 구체적 유용노동에 의해 만들어집니다.
12. 상품에 대상화된 노동의 화폐 명칭입니다.
13. 훌륭한 콧수염과 따뜻한 마음을 가진 생쥐 마을의 빵집 주인입니다.
15. 화폐의 매개 없이 생산물과 생산물을 직접 교환하는 행위입니다.
16. 하얗고 풍성한 수염이 트레이드마크인 『공산당선언』과 『자본론』의 저자입니다.
17. 자신의 생산수단이 없어 노동을 팔아 살아가는 임금 노동자 계급입니다.

세로
2. 구체적이고 개별적인 노동으로서 생산물의 사용가치를 형성합니다.
4. 일반적으로 가치의 척도, 유통 수단, 축재 수단, 지불 수단으로 기능하는 특수한 상품입니다.
5. 어떤 특수한 생산활동에 일정 시간 동안 투입된 노동의 효율을 보여줍니다.
7. 가치의 표현양식이며 서로 다른 상품체가 교환되는 비율로 나타납니다.
9. 천장에 굴비를 매단 채 식사를 할 만큼 씀씀이가 짜디짠 사람을 일컫는 말이에요.
11. 우유를 응고, 발효시켜 만든 식품으로 단백질과 지방, 비타민이 풍부해요.
14. 자신의 생산수단을 가지고 임금 노동자를 고용해 이윤을 만들어내는 자본가 계급입니다.
15. 어떤 대상에 초자연적 힘이 깃들어 있다고 믿어 그것을 숭배하는 일입니다.
18. 가장 비싸고 가장 유명하고 가장 단단한 보석이며, 아몬드가 죽으면 이것이 돼요.

★ 노동자의 화폐 ★ 자본가의 화폐

★ 유통

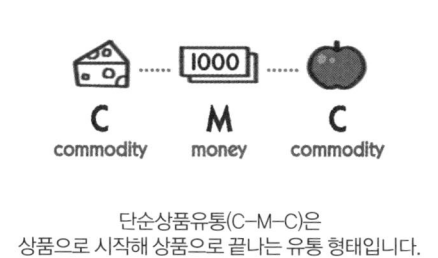

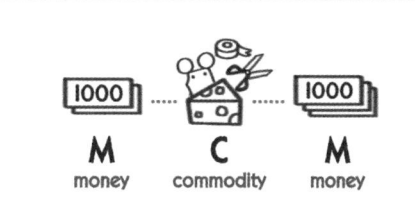

★ 단순상품유통 (C-M-C)

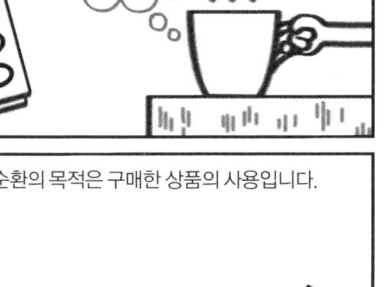

순환 C-M-C는 상품으로 시작해 상품으로 끝나는, 판매로 시작해 구매로 끝나는 유통 형태입니다.

치즈 사 먹어야지.

이 순환의 목적은 구매한 상품의 사용입니다.

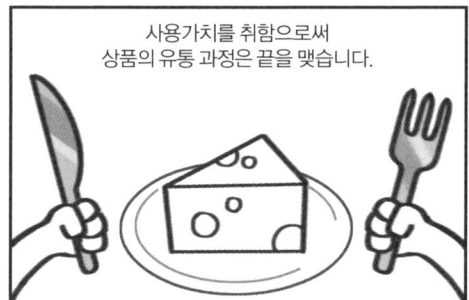

사용가치를 취함으로써 상품의 유통 과정은 끝을 맺습니다.

이때 화폐는 상품들을 이어주고선 사라져버려요.

잘 가 — 고마웠어!

★ 등가물끼리의 교환

단순상품유통의 시작과 끝을 이루는 두 상품은 서로 다른 사용가치를 지닙니다. — 그렇지 않다면 교환을 할 이유가 없겠죠?

빵이고 장미고 간에 커피부터 좀…

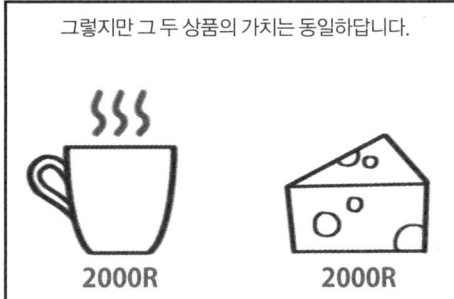

그렇지만 그 두 상품의 가치는 동일하답니다.

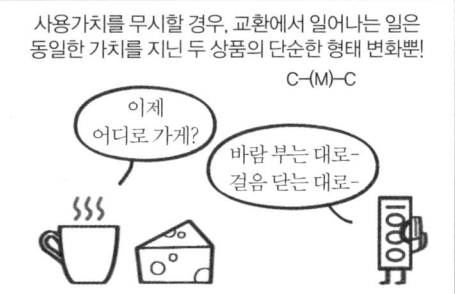

사용가치를 무시할 경우, 교환에서 일어나는 일은 동일한 가치를 지닌 두 상품의 단순한 형태 변화뿐!

C—(M)—C

이제 어디로 가게?
바람 부는 대로— 걸음 닫는 대로—

다시 이 유통경로에 들어서기 위해서는 구매를 위해 판매를 재개해야 합니다.

GOAL

★ 자본으로 전환하는 화폐의 유통 (M-C-M)

★ 자본의 일반공식 (M-C-M′)

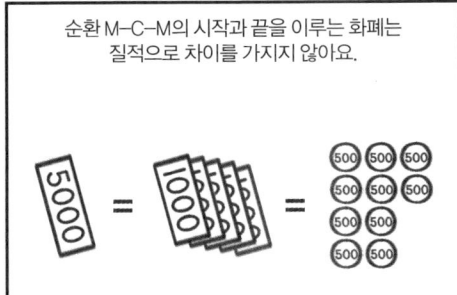

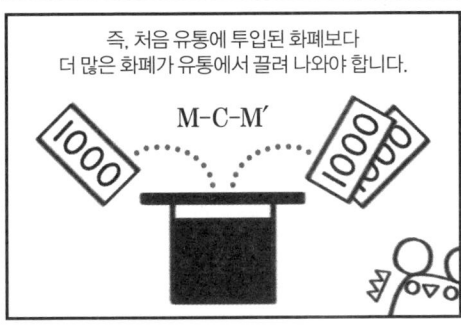

★ 가치의 자기증식   ★ 자본에 이르는 길

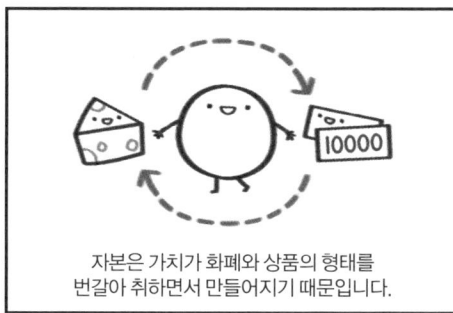

★ 자본

자본이란 자신의 증식과정을 실행하기 위해 유통에 투입되는 가치입니다.

그렇게 증식된 가치, 최초 투하한 가치량을 넘어선 추가분의 가치는 잉여가치라고 해요.

만들어진 잉여가치는 곧 자본과 합류해 다시 자기증식운동을 시작합니다.
우리에게 한계란 없다!

너 못 본 사이 좀 불었다?
종일 운동만 했는데?
라면 먹고 잤니?

알겠지, 구두쇠 씨? 돈을 써야 돈을 벌 수 있다구.

★ 잉여가치 만들기 프로젝트

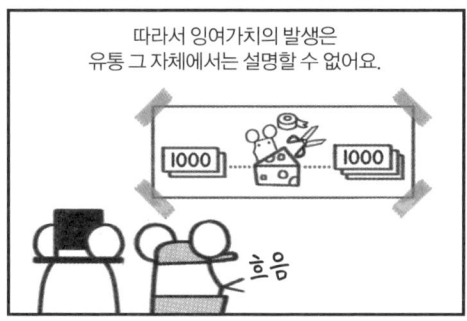

★ 플러스 마이너스 제로

★ 자본의 일반공식의 모순

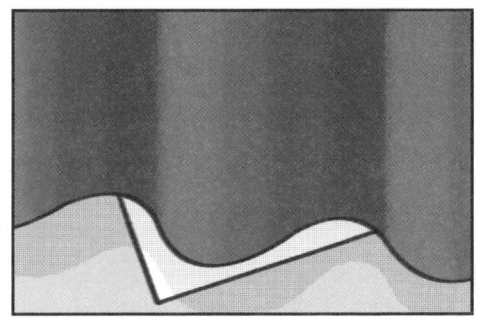
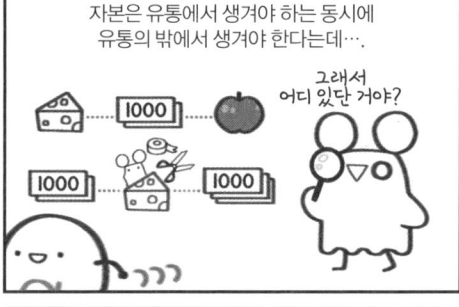

Das Kapital

🔍 단순상품유통

어떠한 가감없이 단순히 상품만이 오고갈 뿐인 단순상품유통은
가지고 있는 상품으로부터 시작합니다.

상품 소유자는 구매를 위해 자신의 상품을 판매하고,
그렇게 생겨난 화폐는 다시 다른 상품과 교환됩니다.
유통의 끝자락에는 판매했던 상품과 동등한 가치를 지니면서도
다른 사용가치를 지닌 상품이 남습니다.

단순상품유통의 최종 목적은 사용가치의 실현입니다.
화폐는 상품과 상품을 매개한 후 사라집니다.

자본으로 전환하는 화폐유통

화폐를 자본으로 전환하기 위해서는 이미 화폐를 지니고 있어야 합니다.

화폐 소유자는 상품을 구매한 후 그것에 노동을 더하여 다시 판매합니다. 상품이 판매됨으로써 최초의 투하했던 화폐는 그대로 되돌아오거나 추가분의 가치, 즉 잉여가치와 함께 되돌아옵니다.

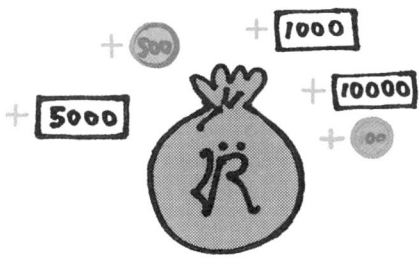

이 과정에서 화폐는 자신의 증식 과정을 실행할 수 있는 가치, 즉 자본으로 기능합니다. 이러한 유통의 최종 목적은 개개의 이윤을 넘어 자본의 끊임없는 운동 그 자체입니다.

★ Free   ★ Free of

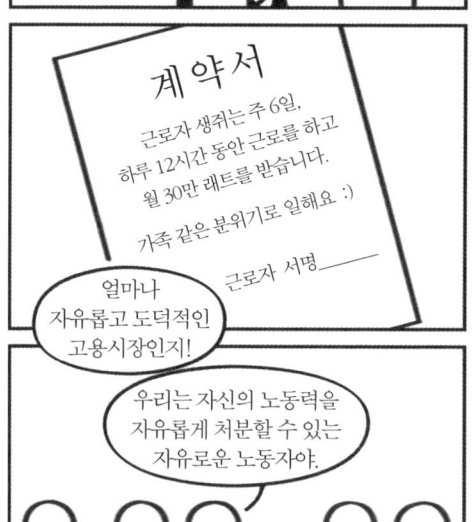

★ 노동력

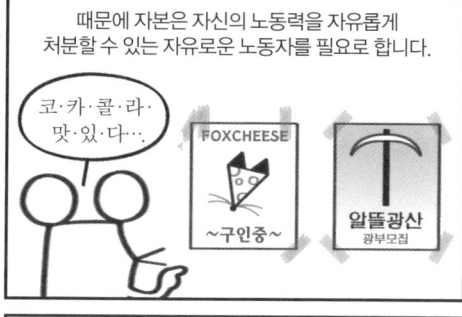

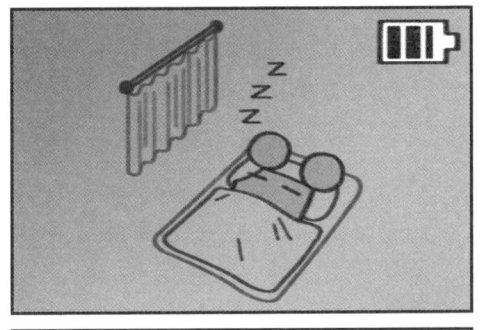

★ **노동력의 가치**   ★ **거기는? 여기는!**

⭐ 소용없는 노동력

★ 사실은 좋으신 분일지도   **★ 그럼 그렇지**

★ 거래의 완성

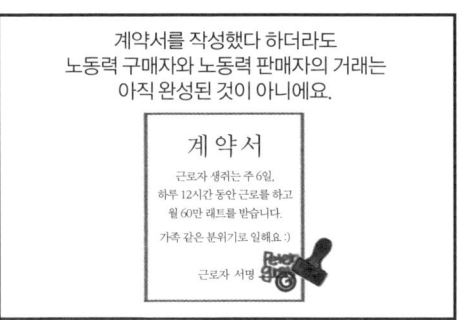

★ 기왕지사

★ 충전해 주세요

★ 쭈욱 함께이길 바라!

★ 한겨울 밤의 꿈

★ 어떤 순환

★ 보이지 않는 곳

노동력의 소비 과정은 동시에 상품의 생산 과정이자 나아가 잉여가치의 생산 과정입니다.

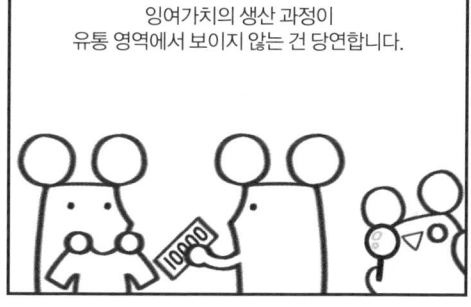

잉여가치의 생산 과정이 유통 영역에서 보이지 않는 건 당연합니다.

노동력의 소비는 시장 밖에서 일어나는 일이니까요.

자본이 만들어지는 곳

화폐 소유자는 시장에서 자유로운 노동력 판매자를 만나
그의 상품을 그 가치대로 구매해야 하며,
이후 생산된 상품 역시 그 가치대로 판매되어야 합니다.

"자본은 유통에서 생겨야 하는 동시에 유통의 외부에서 생겨야 한다."

상품유통도 화폐유통도 아닌
노동력의 소비에서 가치가 만들어집니다.

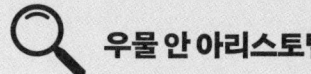 우물 안 아리스토텔레스

> 교환은 어떠한 동일성 없이는 있을 수 없고,
> 동일성은 같은 단위로 측량되어야 할 터인데
> …
> 그러나 서로 다른 물건들이
> 어떻게 질적으로 동일할 수 있겠는가?

기원전 384년에 태어난 고대 그리스의 대철학자 아리스토텔레스 역시도 물건을 사용과 교환이라는 두 가지 용도로 구분하면서, 서로 다른 물건이 어떻게 교환될 수 있는지 궁금해했습니다.

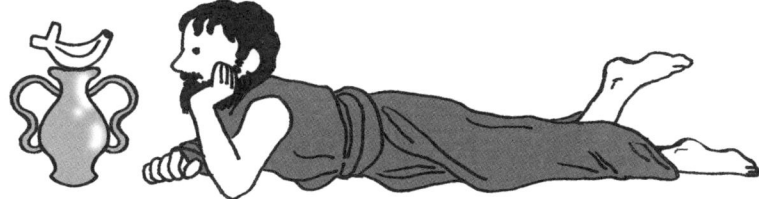

그러나 아리스토텔레스는 끝내 답을 구할 수 없었고, 약 2200년 후에 태어난 마르크스가 그 비밀을 풀어내지요. 교환을 성립시키는 실체는 바로 노동, 동등한 질의 인간노동이라는 것을!

그렇다면 왜 아리스토텔레스는 교환의 비밀을 풀어내지 못했던 걸까요?

 당시에는 인간들 사이의 불평등이 당연했습니다. 태어날 때부터 고귀한 인간이 있고, 태어날 때부터 저급한 인간이 있었지요. 이러한 시대에서 '동질의' 인간 노동을 떠올리기는 어려웠겠죠?

 또 당시 그리스 시민들은 노예들의 노동으로 생활하고 있었습니다. 상품보다는 노예의 생산물이 보편적으로 소비되던 시기였다는 점, 그리고 노동은 노예만이 하는 모욕적인 일로 치부되었던 점은 노동을 주의 깊게 사유하지 못하도록 만들었습니다.

★ **노동과정(사용가치의 생산)** ★ **합목적적 활동**

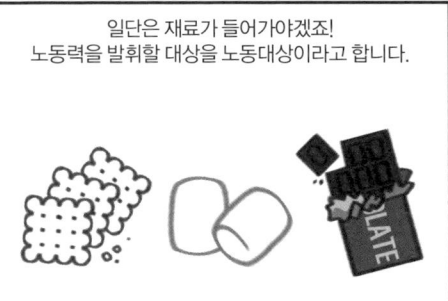

★ 노동대상

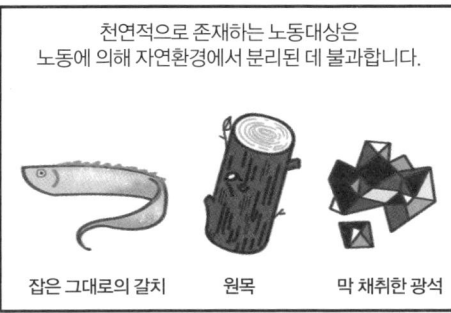

★ 노동의 흔적

★ 소비의 두 유형

★ 가치를 더하자

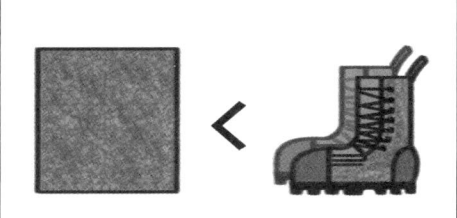

동일한 가죽임에도
가죽장화의 가치는 가죽의 가치보다 큽니다.

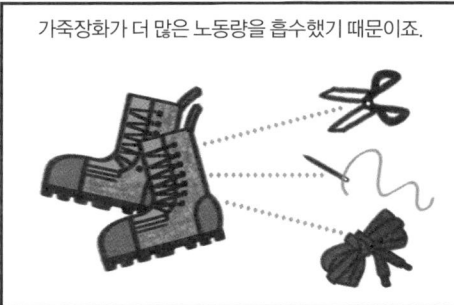

가죽장화가 더 많은 노동량을 흡수했기 때문이죠.

노동력이라는 상품의 소유자가
비록 자기증식하는 가치를 만들 수는 없어도

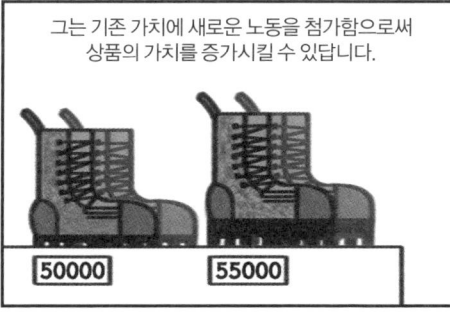

그는 기존 가치에 새로운 노동을 첨가함으로써
상품의 가치를 증가시킬 수 있답니다.

살아 있는 노동은
단순히 가능성으로서의 사용가치를
현실적인 사용가치로 전환시킵니다.

★ **알뜰하게 쓰자**

★ 소외된 노동

★ 등가교환입니다만

★ 뜻밖의 재회

★ 무대의 뒤편

한 잔의 커피를 내리기까지

어떤 사용가치가 원료가 될지, 노동수단이 될지, 생산물이 될지는 그것이 노동과정에서 행하는 기능에 따라 달라집니다.

노동과정의 요소들

노동대상 : 노동이 가해지는 대상
노동수단 : 노동자가 노동대상에 자기 활동을 전달하고자 이용하는 물건
　　　　　(노동수단의 기계적, 물리적, 화학적 성질들이 노동대상에 작용)
노동 : 노동대상을 노동수단으로 목적에 알맞게 변형시키는 활동

두근두근 첫 화보

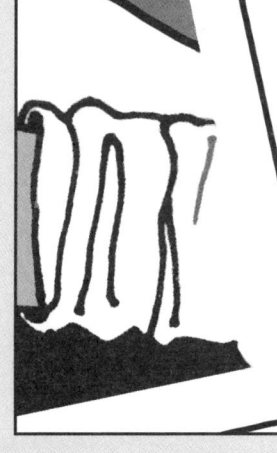

셔츠는 MOGAN
시계는 VISSA
목걸이는 개인소장

>> INTERVIEW

- 이번에 가장 매력적인 기업인 22위에 뽑혔던데. 기분이 어떤가?
- 아예 모르고 지나칠 뻔했는데, 아내가 알려줘서 최근에 알게 되었다. 신기하기도 하고, 기분 좋은 일이다. 의식하지 않으려 해도 쉽지가 않다. 요즘 머리를 손질하는 시간이 20분은 더 걸리는 것 같다.(웃음)

- 얘기를 쭉 나누어보니 의외로 귀여운 면모가 있는 것 같다.
- 가끔씩 듣는 소리다. 첫인상은 조금 딱딱해 보였는데 막상 보니 허당미가 있다나. 내가 생각해도 그런 면이 있긴 하다. 오지랖도 넓고. 이런 성격 때문에 아내한테도 참 많이 혼났다.

- 첫 화보라는 게 믿기지 않을 정도로 훌륭한 사진들이 나왔다.
- 이렇게 잘 나올 줄은 상상도 못 했다. 평소에 사진발이 정말 안 받는 타입이라 걱정했다.(웃음) 사진 찍히는 걸 좋아하지 않아서. 그래서 이번 화보 제안을 받았을 때도 살짝 고민을 했다. 그럼에도 내가 촬영에 응할 수 있었던 건 이 화보집의 수익 일부가 불우한 사람들에게 기부되기 때문이었다. 좋은 취지에 동참할 기회도 얻고 기대 없이 찍었던 사진까지 잘 나와서 좋다.

- 주기적으로 해외봉사를 다닌다고 들었다.
- 그렇다. 못해도 한 달에 한 번은 봉사활동을 가기 위해 비행기표를 끊는다. 어떤 의무라고 생각한다. 여우공장이 저렴하고 질 좋은 품질의 상품을 내놓는 것도 비슷한 맥락이다. 모두가 기본적인 삶이 가능한 세상을 만드는 것, 그것이 시작의 이유였고, 그 마음은 지금도 변함이 없다.

★ 에드워드 웨이크필드, 『영국과 미국』(1834)

★ 잉여가치와 잉여노동

과로노동으로 말미암아 사람들은 놀라울 정도로 빨리 죽는다.

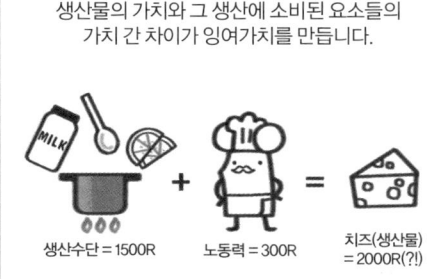

생산물의 가치와 그 생산에 소비된 요소들의 가치 간 차이가 잉여가치를 만듭니다.

생산수단 = 1500R 노동력 = 300R 치즈(생산물) = 2000R(?!)

그러나 죽은 사람의 자리는 곧 다시 메워지고

잉여가치가 클수록 자본이 노동력을 착취하는 정도가 심한 것입니다.

Where are you from?
아이 돈 스피크 잉글리쉬
어디서 왔어요?
I don't understand.

등장인물이 빈번하게 교체되더라도

잉여가치는 값을 지불 받지 않는 노동, 즉 잉여노동에서 만들어지기 때문입니다.

나도 내 시간 좀 보내자아아!!!

무대 위에는 아무런 변화도 일어나지 않는다.

CHEESE

잉여노동은 꼭 자본주의 사회가 아니더라도 사회 일부가 생산수단을 독점하는 곳이면 나타납니다.

수확을 바치오니 굽어살펴주소서

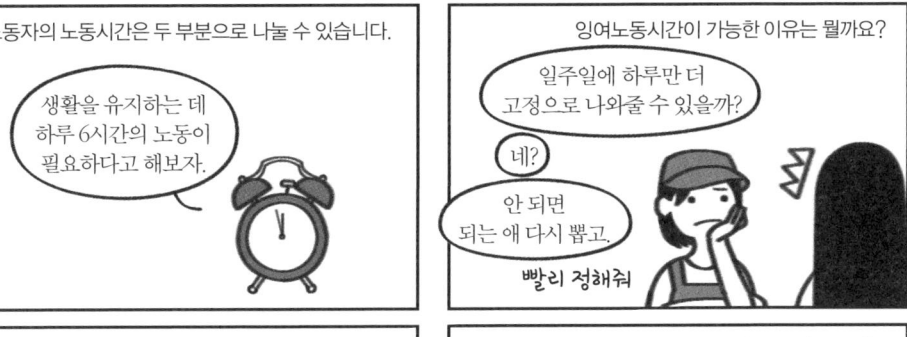

★ 합당한 봉사?

★ 환상 동화

★ 절대적 잉여가치

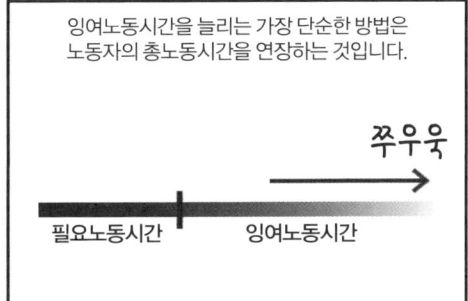

★ 상대적 잉여가치

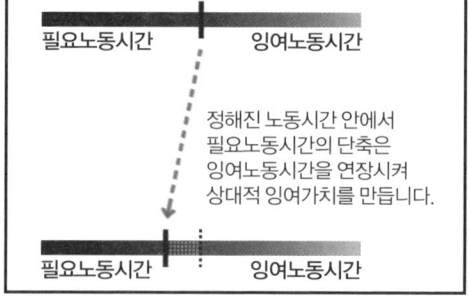

★ 특별잉여가치

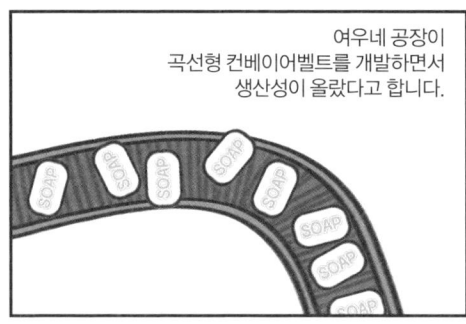

★ 특별잉여가치의 소멸

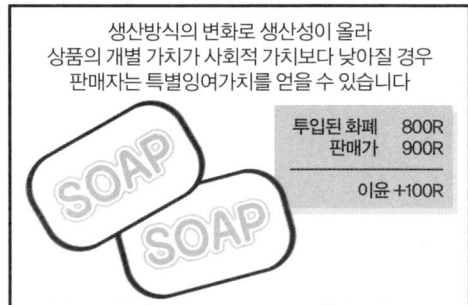

★ 협업

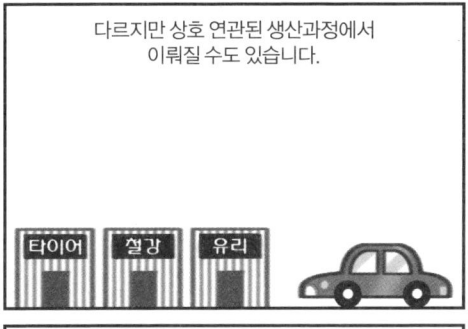

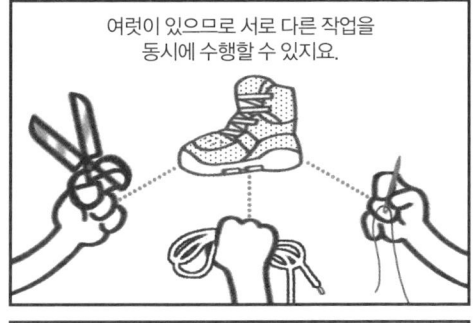

★ 야간노동을 요구할 권리

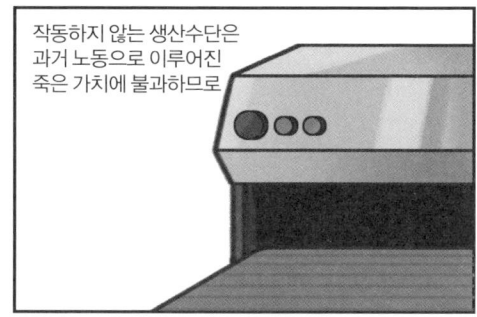

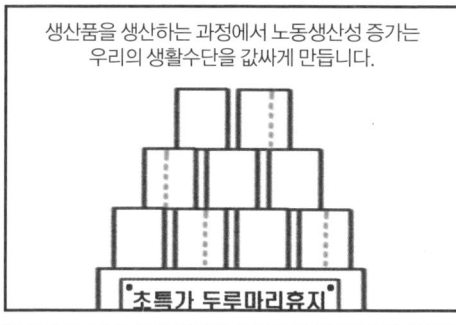

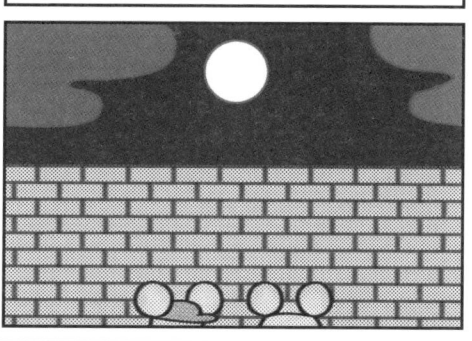

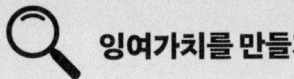
잉여가치를 만들자

🚩 가치형성과정

M	–	C(생산수단, 노동력)	········	생산과정	······	C	–	M
30원		반죽 1kg	5원	필요노동		쿠키		30원
		오븐 1개	5원	6시간		50개		
		밀대 1개	5원					
		쿠키커터 1개	5원					
		장식용 초코펜 2개	5원					
		노동력의 하루가치	5원					

🚩 가치증식과정

M	–	C(생산수단, 노동력)	········	생산과정	······	C′	–	M′
55원		반죽 2kg	10원	필요노동		쿠키		60원
		오븐 2개	10원	6시간		100개		
		밀대 2개	10원	+				
		쿠키커터 2개	10원	잉여노동				
		장식용 초코펜 4개	10원	6시간				
		노동력의 하루가치	5원					

잉여가치 5원!

노동력의 가치와 노동력이 창조하는 가치는 다를 수 있어요!

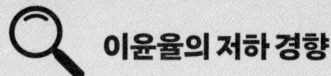 **이윤율의 저하 경향**

자본가들은 이윤을 만들어내기 위해,
또한 경쟁에서 도태되지 않기 위해 생산성을 끊임없이 향상시켜야만 합니다.

그 결과 생산과정에서 노동자의 몫은 차차 줄어듭니다.

불변자본 :
생산수단(노동대상, 노동수단)의 구매에 투입되는 자본.
생산과정에서 그 가치량이 변동하지 않습니다.

가변자본 :
자본 중 노동력으로 전환되는 부분.
생산과정에서 자기 자신의 등가물을 재생산할 뿐 아니라 또 그 이상의 초과분을 생산합니다.

그런데 잉여가치를 만드는 것은 가변자본, 즉 노동력입니다.
생산과정에서 노동자의 수와 역할이 줄어들수록 이윤율은 점차 하락합니다.
낮아진 이윤율을 메꾸기 위해 자본가는 더 많은 상품을 생산해보지만
이런, 가변자본의 축소를 겪은 사람들의 구매력은 이미 위축된 상황이지요.
그렇게 팔리지 못한 상품들은 산처럼 쌓여 공황을 발생시키고,
공황은 프롤레타리아 혁명을 앞당깁니다.

마르크스·엥겔스는 이 모든 과정이 자본주의 원리 내에
이미 깃들어 있다고 보았습니다.

★ 노동자의 목소리

당신에게는 자본의 가치증식이
나에게는 노동력의 초과지출이 된다.

당신은 노동일을 무제한 연장함으로써
내가 사흘 걸려 회복할 수 있는 것보다
더 많은 양의 노동력을
하루 동안 써버릴 수도 있다.

그러나 나는 노동력의 정상적인 유지와
건전한 발달에 적합한 정도로만
매일 그것을 지출하고 운동시키고
노동으로 전환시키고자 한다.

그러므로 나는
정상적인 길이의 노동일을 요구한다.

★ 권리 vs 권리

자본가가 노동시간을 연장하려는 것은
구매자로서 자기의 권리이고

노동자가 노동시간을 제한하려는 것은
판매자로서 자기의 권리입니다.

동등한 권리끼리 충돌할 때는 어쩌면 좋을까요?

이럴 땐… 투쟁하여 권리를 얻어내야죠!

★ 개막

★ **여우의 독백**

★ 몰락을 위하여

★ 변장의 진가

★ 또 다른 관객

★ 오늘은

평생의 동료, 마르크스와 엥겔스

프리드리히 엥겔스
1820. 11. 28 ~ 1895. 8. 5.

카를 마르크스
1818. 5. 5. ~ 1883. 3. 14.

1842년 겨울, 엥겔스는 아버지의 공장이 있는 맨체스터로 가기에 앞서 쾰른에 있는 〈라인신문〉 편집실을 방문합니다. 그렇게 〈라인신문〉의 편집장 마르크스와 엥겔스의 그다지 단란하지만은 않은 첫 만남이 성사됩니다. 마르크스의 불같은 성격을 익히 들어왔던 엥겔스는 조심스러운 태도를 취했고, 엥겔스가 자신과 다른 견해를 지녔을 거라 생각한 마르크스는 그를 냉담하게 대했지요. 그들이 가까워지는 건 좀 더 후의 일입니다.

1843년 〈라인신문〉이 폐간된 후 파리에서 〈독불연보〉를 기획하던 마르크스는 그 과정에서 접한 엥겔스의 기고문을 매우 마음에 들어합니다. 그 후 마르크스의 집에서 펼쳐진 열흘 동안의 대화는 그들이 서로 같은 뜻을 품고 있음을 확인하는 시간이 되었습니다. 그렇게 평생에 걸친 둘의 우정 그리고 공동작업이 시작된 것입니다.

엥겔스가 쌓아온 지식과 공장에서의 실무 경험은 정치, 경제에 약했던 마르크스를 훌륭하게 보완해주었습니다. 또한 궁핍한 생활을 하던 마르크스에게 엥겔스는 경제적 지원까지 아끼지 않았습니다. 이러한 엥겔스의 정신적·경제적 지원에 힘입어 마르크스는 번득이는 통찰을 이뤄냅니다.

하루 8시간의 노동을!

8 HOURS for WORK
HOURS for REST
HOURS for RECREATION

열악한 환경에서 적은 임금을 받으며 오랜 시간 노동하던 미국의 노동자들은 1886년 5월 1일, 하루 노동시간을 8시간으로 제한하기 위해 총파업을 벌였습니다. 그 과정에서 경찰의 유혈진압이 일어나고, 운동의 지도자들은 교수형에 처해졌습니다.

이후 제2인터내셔널은 1889년 창립 대회에서 5월 1일을 노동자 계급의 권익을 위한 연대의 날로 선언합니다.

이렇듯 법적으로 제한된 노동시간은 수많은 투쟁의 산물이며 그 결과로서 오늘날 우리는 우리 자신의 시간을 확보할 수 있게 되었습니다.

우리나라 노동절은 5월 1일이 공산주의자들의 선전수단으로 이용된다는 이유에서 1958년부터 1993년까지 대한노총의 결성일인 3월 10일로 기념됐습니다. 1963년에는 노동절이 근로자의 날이라는 이름으로 변경됐고, 1994년이 되어 노동절은 다시 5월 1일로 개정되었습니다. 하지만 법적으로는 여전히 근로자의 날이라는 이름을 사용하고 있습니다.

가로세로퀴즈 정답

가로

1. 상품 3. 대상화 5. 노동 6. 추상적 인간 노동 8. 사자 10. 사용가치 12. 가격 13. 고든 15. 물물교환 16. 마르크스 17. 프롤레타리아트

세로

2. 구체적 유용노동 4. 화폐 5. 노동생산성 7. 교환가치 9. 자린고비 11. 치즈 14. 부르주아지 15. 물신숭배 18. 다이아몬드

에필로그

★ 아주 잘 지내고 있었지

★ **마음의 빚**

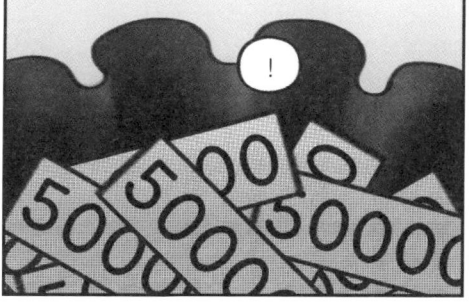

★ **자본주의가 무너지지 않는 한…** ★ **역사는 계속된다**

★ 요즘은 어떻게 지내?

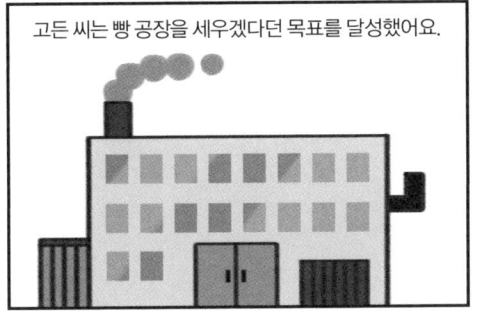

★ **미들지옥 : 동료가 필요해**

★ 평화로운 나날

★ 잘못된 만남

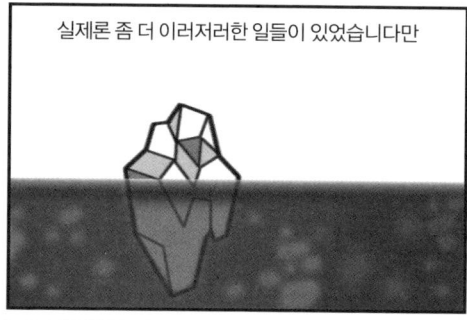

★ **반복재생**　　　　　★ **한편**

뉴스에서는 하루하루 열심히 일하는 청년들이 매일 죽어 나간다.

과거에 존재했던 수많은 공산주의 국가들은 소멸하거나 자본주의 체제로 탈바꿈하였고, 오늘날 많은 이들이 공산주의의 실패를 확신합니다.

그것은 모두가 그 기승전결을 익히 알고 있는 닳고 닳은 비극이 되어 웬만해선 관객의 발길을 붙잡지 못한다.

또야? 질린다

〈노동자의 비극〉
98265…번째 상영중

그러나 마르크스와 엥겔스는 말했죠. 투쟁의 진정한 결과는 직접적인 성공에 있는 것이 아니라 노동자들의 단결이 점점 더 확산되는 데 있다고….

이런 일 하나하나에 분개하고 환멸하는 걸 누군가는 어린애 같은 미성숙한 태도라고도 하던데

그럼 세상이 꽃밭인 줄 알았니?

어쩌면 세상은 조금씩, 조금씩 바뀌고 있을지도요.

최저임금인상
노사법개정안
주52시간근무제

그렇다면 난 아직 어른이 되지 못했나 보다….

이런 세상에서 부대끼며 살아가야 하다니….

우리는 사실 공산주의 사회를 향한 머나먼 과정 중에 있는 것은 아닐까…

21세기 괴담이야?

★ 다른 한편　　　★ 맺으며

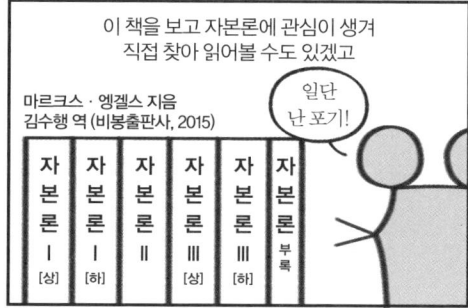

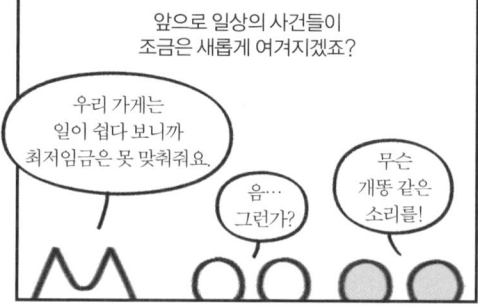

모두 수고하셨습니다!

참고문헌

- 카를 마르크스·프리드리히 엥겔스, 이진우 역, 『공산당선언』, 책세상, 2002
- 카를 마르크스, 김수행 역, 『자본론 1 - 상』, 비봉출판사, 2015
- 카를 마르크스, 김수행 역, 『자본론 1 - 하』, 비봉출판사, 2015
- 박승호 지음, 『자본론 함께 읽기』, 한울아카데미, 2016
- 샤를 푸리에, 변기찬 역, 『사랑이 넘치는 신세계 외』, 책세상, 2007
- 아리스토텔레스, 천병희 역, 『정치학』, 숲, 2009
- 프랜시스 윈, 정영목 역, 『마르크스 평전』, 푸른숲, 2001
- 고쿠분 고이치로, 최재혁 역, 『인간은 언제부터 지루해했을까?』, 한권의책, 2014